Orte des Staunens

15 Wanderungen zu 55 kraftvollen Plätzen in der
Ferienregion Heidiland

WERDVERLAG

IMPRESSUM

Herausgeber und Kontakt
Heidiland Tourismus AG
Valenserstrasse 6
7310 Bad Ragaz
Tel. 081 720 08 20
www.heidiland.com

In Zusammenarbeit mit
Forschungsstelle Kraftorte Schweiz
Postfach 90
CH-8955 Oetwil a.d.L.
Tel. 044 748 09 28
www.kraftorte.ch
Dr. Andrea Fischbacher (Texte),
Jean-Pierre Brunschwiler,
Philippe Elsener (Fotos)

Weiteres Bildmaterial
Archiv Heidiland Tourismus AG

Konzept, Layout, Projektleitung
Wäger & Partner GmbH
Vadianstrasse 37
Postfach 2220
CH-9001 St. Gallen
Tel. 071 223 34 52
www.waegerpartner.ch

Verlag
Werd Verlag AG
Dufourstrasse 32
Postfach 1214
CH-8034 Zürich
Tel. 044 250 20 10
www.werdverlag.ch

Druck
Sarganserländer Druck AG
Zeughausstrasse 50
Postfach 34
CH-8887 Mels
Tel. 081 725 32 32

Besten Dank für die Unterstützung
Die 15 Wanderungen zu den Orten des Staunens sind im Rahmen des Regio-Plus-Projektes «Alpine Wellness Heidiland» entstanden, welches durch den Bund (SECO) und den Kanton St. Gallen unterstützt wird.

Erleben Sie mythische Momente im Heidiland

Das Heidiland, bekannt und beliebt als Natur-, Sport- und Wellnessparadies, ist mehr als eine moderne Feriendestination. Bereits in vorchristlicher Zeit treffen bei Sargans zwei wichtige Transitrouten aufeinander. Es ist nicht erstaunlich, dass Räter und Römer, wie auch die späteren Alemannen und Walser, im milden Klima des Rhein- und Seeztales ihre Spuren hinterlassen haben.

Nebst Fundgegenständen legen Sagen, Legenden und die Energien der zahlreichen alten heiligen Orte davon Zeugnis ab, wie unsere Ahnen gelebt und gedacht, woran sie geglaubt und wovor sie sich gefürchtet haben. Diesen halb verwischten, nicht immer einfach zu deutenden Signaturen folgt das Buch. Kommen Sie mit, begeben Sie sich geführt oder individuell an einige der sagenumwobenen Orte des Staunens, die das menschliche Leben seit Jahrhunderten beeinflusst haben. Ihre Anziehung ist ungebrochen, ihr Schutz und ihre Neuentdeckung unabdingbar – das ganzheitliche Erleben des Heidilands verheisst zahlreiche Höhepunkte und garantierte mythische Spannung.

15 beschriebene Wanderrouten, vom gemütlichen Spaziergang (T0) bis zum Alpinwandern für Geübte (T4) mit 55 kraftvollen Plätzen, warten darauf, von Ihnen begangen und erlebt zu werden. Die Bezeichnung der Schwierigkeitsgrade orientiert sich an der SAC-Skala 2002, T0 haben wir für Spaziergänge festgelegt. Unternehmen Sie Ihre persönliche Entdeckungsreise in diese zauberhafte Berg- und Seenlandschaft mit ihren ursprünglich gebliebenen Seitentälern, ihren Geschichten und Geheimnissen.

Ich wünsche Ihnen viel Vergnügen und die eine oder andere berührende Erfahrung!

Dr. Andrea Fischbacher
Leiterin Forschungsstelle Kraftorte Schweiz

EINFÜHRUNG

Aus der Kraftforschung

Was sind Orte des Staunens?	4
Forschungsmethode	6
Datenerhebung im Feld	8
Mythologischer Hintergrund	10

WANDERUNGEN

1. Weesen — 12

1. Bäume Stadtpark	14
2. Kloster Maria Zuflucht	15
3. Bühlkirche	18
4. Kultstätte Hüttenböschen	20

2. Flumserberg — 22

5. Tanzplatz	24
6. Hochzytsbänkli	25
7. Chatzenberg	26
8. Seebenalp	27
9. Züribänkli	28

3. Walenstadtberg — 30

10. Paxmal	32

4. Berschis — 36

Über den St.-Georgen-Berg	38
11. Lourdes-Grotte	40
12. Ughür Brunnä	41
13. Kapelle St. Georgen	42

5. Flums — 44

14. St.-Justus-Kirche	46
15. Schlossruine Gräpplang	49

6. Mels — 52

16. Tiergarten	54

7. Weisstannental — 60

17. Doppelstein	62
18. Wasserfall-Arena Batöni	64
19. Dorflinde	65
20. Gafarrabüel	66

8. Wangs — 68

21. Tüfels Chuchi	70
22. Pfarrer-Künzle-Grotte	71
23. Wasserfall Grossbach	73
24. Sternstein	74
25. Kirche Wangs	75

9. Pizol Gaffia — 76

26. Felstürme	78
27. Baschalvasee	79
28. Steinmanndli	80
29. Schwarzsee	82

10. Pizol Pardiel — 84

30. Arvenegg	86
31. Farnegg	88
32. Schwarzbüel	89
33. Obersäss	90
34. Prodkopf	91

REGISTER UND QUELLEN

11. Wartau	92
35. Linde	94
36. Martinskirche	95
37. Burgruine Wartau	96
38. Brochna Burg/Heidenkirche	98

12. Taminaschlucht	100
39. Sequoia-Bäume	102
40. Wächterstein	103
41. Quellgrotte	104
42. Badkapellen	105

13. Calfeisental	106
St. Martin	108
43. Kirche St. Martin	110
44. Chilchlikopf	111
45. Weltrekord-Tanne	112
46. Malanseralp	113
47. Sardonaalp mit Hexenbühl	114

14. Pfäfers	116
48. Porta Romana	118
49. Ruine Wartenstein	119
50. Kapelle St. Georg	120
51. Klosterkirche Pfäfers	122
52. Buche	123

15. Malanser Älpli	124
53. Moor	126
54. Sieben Brünnen	127
55. Quelle	128

Sehenswürdigkeiten in der Umgebung

1. Weesen	130
2. Flumserberg	130
3. Walenstadtberg	131
4. Berschis	131
5. Flums	131
6. Mels	132
7. Weisstannental	133
8. Wangs	133
10. Pizol Pardiel	133
11. Wartau	134
12. Taminaschlucht	134

Quellenangaben	136

An den Orten des Staunens eröffnen sich neue Perspektiven.

WAS SIND ORTE DES STAUNENS?

Kräftige Orte bestimmen mit ihrer Geschichte seit Jahrhunderten das menschliche Leben. Ihre Erforschung erschliesst uns Teile des alten, ganzheitlichen Wissens, das uns näher an die Wurzeln von Welt und Leben heranführt.

Zu den Orten des Staunens im Heidiland zählen 55 spezielle Plätze, die von der Forschungsstelle Kraftorte Schweiz auf ihren energetischen Gehalt und ihren mythologischen Hintergrund hin untersucht und dokumentiert worden sind. Ein Ort des Staunens ist ganz allgemein ein besonderer Ort, dessen Energiequalität vorwiegend im aufbauenden und festigenden Bereich weilt. Für Menschen, Tiere und Pflanzen ist er gesund. An diesen Orten kann man zur Ruhe kommen, neue Sinneseindrücke gewinnen, sich wohlfühlen. Findet man an einem Ort des Staunens ganz bestimmte Energiewerte vor, spricht man je nach Strahlungsintensität und -qualität von Kraft-, Kult- oder Heilplätzen.

☀ Kraftplatz
Alles strahlt. Sie, die Pflanzen, die Luft und auch der Boden. Für die Bestimmung eines Kraftortes werden Stärke und Beschaffenheit der Erdstrahlung untersucht. Die Strahlungsintensität eines Kraftortes ist gegenüber anderen Plätzen deutlich erhöht, die Qualität ist positiv und lebensförderlich. Bedingt durch die unterschiedliche Schichtung von Steinen, Lehm, Wasser etc. variieren Stärke und Beschaffenheit der Erdstrahlung. Starke Plätze können sich kleinräumig mit schwachen oder schlechten abwechseln.

◉ Heilplatz
Heilplätze sind Plätze mit erhöhter Strahlungsintensität, die auf- und abbauende Kräfte abgeben. Auf diese Weise kann ein Organismus, der aus seiner Balance gefallen ist, wieder zu seinem Gleichgewicht zurückfinden. Seine Heilung wird unterstützt. In Zeiten, in denen die Menschen noch nicht auf Medikamente zurückgreifen konnten, waren sie angewiesen auf Heilkräuter, Heilwässer und Heilplätze. Heute wird ihre wohltuende Wirkung wiederentdeckt.

⊕ Kultplatz
Ein Kultplatz ist ebenfalls eine Energiezone, deren Schwingungsintensität hoch ist. Qualitativ zeichnet sie sich dadurch aus, dass sie in Resonanz zum Göttlichen oder zu Ritualen steht. Ein Kultplatz muss sich, je nach Kulten, die zelebriert werden (z.B. Opferkulte, schwarze Magie), nicht zwangsläufig positiv auf lebende Systeme auswirken. Ein Grossteil der Kultplätze dürfte jedoch für Fruchtbarkeitskulte verwendet worden sein. Dafür sind positive Energien Bedingung.

▲ Aufbauende energetische Aspekte
Plätze mit aufbauenden energetischen Aspekten steigern das Wohlbefinden spürbar.

◯ Neutrale energetische Aspekte
Plätze mit neutralen energetischen Aspekten verursachen ein allgemeines Wohlsein.

▼ Abbauende energetische Aspekte
Plätze mit abbauenden energetischen Aspekten mindern das Wohlbefinden spürbar.

Aussergewöhnliche Weitsichten erwarten den Wanderer auf dem Heidipfad am Pizol.

Dr. Andrea Fischbacher, Leiterin der Forschungsstelle Kraftorte Schweiz, bei der Protokollierung im Gelände.

FORSCHUNGSMETHODE

Die Forschungsstelle Kraftorte Schweiz ist darauf spezialisiert, die Energiewerte eines Ortes zu erheben, seinen religiösen, volkskundlichen und historischen Hintergrund aufzuarbeiten und die aufeinander abgestimmten Daten zu dokumentieren. Die Untersuchung ist eine empirische, sie verläuft in fünf Phasen.

Nach Hypothesenbildung und Gegenstandsbenennung erfolgt die intensive Phase der Testung und Protokollierung im Gelände. Anschliessend werden schriftliche und mündliche Hintergrundinformationen, den religiösen, historischen, sozialen, mythologischen Kontext eines Ortes betreffend, erhoben, alle Daten bereinigt und schliesslich analysiert. Die Analyse wird schriftlich fixiert und für die Endnutzung, zum Beispiel für touristische Zwecke, aufbereitet.

Bei der Kraftortforschung handelt es sich um eine Grenzwissenschaft, die geisteswissenschaftlich ausgerichtet ist, nicht, wie oft vorausgesetzt, naturwissenschaftlich. Die Naturwissenschaften quantifizieren messbare Eigenschaften der Natur, die Kraftortforschung hingegen hat es mit beobachtbaren Werten zu tun, die sich, als Teil eines lebendigen Systems, verändern. Ein einmal erhobener Wert ist weder eine fixe noch eine willkürliche Grösse. Er hängt von verschiedenen Faktoren wie dem Wetter, der Tageszeit, dem Mondstand etc. ab. Aus diesem Grund werden hier keine Boviswerte in Zahlen angegeben. Nebst den Boviswerten, die Auskunft über die Intensität der Strahlung geben, interessiert die Energiequalität eines Ortes. Für Wohlbefinden und Verwendbarkeit des Platzes ist diese von zentraler Bedeutung. Je nach Strahlungsqualität ist der Ort als Kraft-, Kult- oder Heilplatz genutzt worden oder aber als Arena oder Gefängnis.

Die Erhebung erfolgt biokybernetisch mit Tensor als Anzeigeinstrument (Pendel, Rute) und Tabelle. In Philippe Elsener, Naturenergetiker, hat die Forschungsstelle Kraftorte Schweiz einen Fachmann, der die dem Buch zugrunde liegenden Testungen mit grösster Umsicht und hoher Sensitivität durchführt.

Die Bezüge der Orte zu ihrem jeweiligen mythologischen Hintergrund folgen mehrheitlich der Forschung von Kurt Derungs, dem Begründer der Landschaftsmythologie. Informationen zu Kurt Derungs finden Sie unter www.amalia.ch.

Philippe Elsener, Energetiker, bei der Aufnahme der Naturkräfte mit der Rute.

DATENERHEBUNG IM FELD

Nebst der Erschliessung des spezifischen Hintergrunds eines Kraftplatzes, die sich sehr zeitintensiv gestaltet, interessiert die Datenerhebung im Feld. Da die Erdschwingungen nicht auf der physikalischen Schwingungsebene schwingen, können sie nicht mit physikalischen Geräten erfasst werden.

Bei Erdenergien handelt es sich um metaphysische Werte. Diese können beobachtet, verglichen, ausgetestet, nicht aber gemessen werden. Bitten Sie einen Physiker mit seinen Geräten an einen Ort der Kraft, kann er nur feststellen, dass sich bei seinen Geräten nichts tut. Dies führt zur fälschlichen Annahme, es liege keine erhöhte Energie vor.

Lebewesen reagieren auf Erdkräfte, was Sie am besten an Tieren und Pflanzen beobachten, da sich diese nichts einbilden können. Kleine Kinder sind ebenfalls gute Indikatoren, aber Achtung, sie sind schnell überdreht, wenn sie sich eine Weile auf einem kräftigen Platz aufhalten.

Sind die Energien an einem Ort erhöht und stimmt die Energiequalität mit den Bedürfnissen der jeweiligen Lebewesen überein, gedeihen diese dort besonders gut. Besuchen Sie einen Ort der Kraft, dessen Energiequalitäten mit Ihren Bedürfnissen übereinstimmen, ist es Ihnen äusserst wohl und Sie können regenerieren.

Erhebung

Der menschliche Körper empfängt die metaphysischen Schwingungen. Pendel und Ruten geben als Anzeigeinstrumente, vergleichbar mit dem Zeiger der Uhr, die Werte an, die protokollarisch als Zahlenwert festgehalten werden. Auf diese Weise wird die einzelne Testung reproduzierbar. Die Einflussfaktoren wie Tageszeit, Wetter etc. können zusammen mit den Einzelwerten verglichen werden, die Zahlen ermöglichen einen einfacheren Umgang mit den Daten als Worte.

Umgang mit kraftvollen Plätzen
Auf Kraftplätzen können Sie sich aufladen. Suchen Sie Wellness in der Natur, sind Sie am richtigen Ort. Bleiben Sie nur so lange, wie es Ihnen wohl ist dabei, sonst können Sie am Abend nicht einschlafen. Stehen Sie ruhig und entspannt, verbinden Sie sich mit dem Ort und gehen Sie in Ihre grösstmögliche Ausdehnung. Nehmen Sie Impulse, Ahnungen, plötzliche Gewissheiten an. An diesen Plätzen, so wussten schon die Ahnen, ist die Durchlässigkeit zur höheren Ebene grösser. Es lässt sich jedoch nichts erzwingen. Was Ihnen hier zufällt, ist ein Geschenk – tragen Sie Sorge dazu.

Beobachtungen im Feld
Bei einigen der vorgestellten Wanderungen zeigen sich in ausgedehnten Zonen auffällige Wuchsformen an den Bäumen. Dieser spezielle Baumwuchs weist auf Reizzonen hin. Verwerfungen und Gesteinsbrüche im Erdinneren werden durch Grundwasserströmungen so verstärkt, dass an der Erdoberfläche Störfelder und Reizzonen spürbar sind. Es gibt Pflanzen und Tiere, welche die Strahlen suchen und darauf besonders gut gedeihen, die sogenannten Strahlensucher. Es gibt aber auch diejenigen, die das Gegenteil bevorzugen, die sogenannten Strahlenflüchter.

Im Gegensatz etwa zur Katze sind die Menschen Strahlenflüchter. Es ist gesundheitsschädigend, sich regelmässig und über längere Zeit in Reizzonen aufzuhalten. Das gilt nicht für Wanderungen, sondern für unseren Aufenthalt in Störzonen im Alltag. Früher hat man sein Haus dort gebaut, wo sich die Schafherde, die man vorgängig auf das Bauland getrieben hat, zur Ruhe gelegt hat. Achten Sie während den Wanderungen auf solche Reizzonen und nehmen Sie Ihre Erkenntnisse in den Alltag mit.

STRAHLENSUCHER
Katze	Eiche
Hase	Fichte
Ente	Tanne
Schlange	Steinobst
Maulwurf	Holunder
Eule	Eibe
Ameise	Farn
Insekten	Pilze

STRAHLENFLÜCHTER
Hund	Linde
Pferd	Buche
Rind	Nussbaum
Schaf	Flieder
Ziege	Rose
Schwein	Geranie
Reh	Kaktee
Huhn	Gurke

FRUCHTBARKEIT UND WIEDERGEBURT

Die Fruchtbarkeit von Mensch, Tier und Pflanze ist Voraussetzung für das Leben. Die einstigen Bewohner der Region stellten sich eine Leben schenkende und nehmende Erd- und Fruchtbarkeitsgöttin vor, die sie an bestimmten Tagen und Orten mit Kultspielen feierten.

Im Frühjahr, zur Tagundnachtgleiche, so die verbreitete Vorstellung damals, erkor die Göttin einen gewöhnlichen Menschen zum sogenannten Jahreskönig. Er wurde ihr Begleiter und Befruchter. Mit ihm vollzog sie im Rahmen der Sommersonnenwende die heilige Hochzeit. Im Herbst trat er, im Gegensatz zu ihr, der Unsterblichen, seine Reise ins Jenseitsparadies an, um zur Wintersonnenwende wiedergeboren zu werden. Vor der Christianisierung glaubten die Menschen an das Konzept der Wiedergeburt, an einen ewigen Kreislauf.

Kultspiele an Kraftorten
Gefeiert wurden die jahreszeitlichen Wendepunkte mit rituellen Handlungen, Kultspielen und Mysterienfeiern an ganz bestimmten heiligen Plätzen. Das mythische Jahr endete mit der Reise des Jahreskönigs in die Unterwelt an der Sarganser Passatiwand. Er wartete im Georgenberg bei Berschis, dem hohlen Ahnenberg voller Schätze und Musik, auf seine Wie-

AN DER BASATIENWAND

In Sargans hört man in mondhellen Nächten ein Rufen, Wimmern und Klagen. Zwei Liebende sind bei Passati unselig gestorben. Rupp, der kühne Junge, und seine Mathilde, die auch Graf Kuno gefiel. Er wollte sie entführen; Mathilde aber weigerte sich, auf sein Schloss zu kommen. Er befahl seinen Knechten, die Widerspenstige einzufangen. Nun eilte Rupp herbei, aber Graf Kuno befahl, man solle ihn in den tiefen Turm werfen. Der entschlossene Jüngling fasste seine Braut und stürzte sich mit ihr über die Felswand. Der frevelnden Hand sind sie entronnen; ihre Sünde aber müssen sie bis zum Jüngsten Tag dort mit Rufen und Klagen büssen und die Stelle unheimlich machen, wenn nicht eine unschuldige Seele, eine reine Jungfrau, sie erlöst.[15]

Das Christentum als moralische Instanz
In der christianisierten Legende erscheint der Jahreskönig als «Rupp, der kühne Junge», die Göttin als sterbliche Mathilde. Seine Jenseitsreise wird zum sündigen Liebestod und umfasst beide Personen.

dergeburt zur Wintersonnenwende in Sargans-Retell. Seine Initiation erfuhr er im Gebiet des Ragazer Spil- und Freudenbergs, und auf dem Melser Tiergarten-Kulthügel vollzog er mit der Göttin die heilige Hochzeit. Der Ritus zum Antritt der Jenseitsreise des Jahreskönigs fand bei Passati statt.

Wandlung durch die Christianisierung
Wie die Nutzung der Kultplätze wandelten sich auch die Sagen und Legenden im Zuge der Christianisierung. Die Erd- und Fruchtbarkeitsgöttin beispielsweise wurde sterblich. Ihren vorchristlichen Kern jedoch behielt sie bei. Die Glaubenswende vom Heiden- zum Christentum in der Spätantike war ein längerer Prozess und musste auch im Sarganserland und seiner Umgebung hart erkämpft werden. Als die Christianisierung in der Talschaft Einzug hielt, wurde dem «Drachen des alten Glaubens» nachgestellt. Dies geschah beispielsweise auf dem Georgenberg, dem vermutlich wichtigsten Kultberg der Region; der heilige Georg tötete den Drachen und führte dadurch das Christentum ein.

Eingebettet in eine Landschaft voller Zeichen des Göttlichen, spürten und nutzten die Vor- und Frühchristen die Kräfte der Natur, um mit ihren Gottheiten in Kontakt zu treten. Noch heute sind viele der alten, besonderen Plätze in der Ferienregion Heidiland sicht- und spürbar. Die Erhabenheit des Calfeisentals mitten im UNESCO-Welterbe Tektonikarena Sardona mit seinen Hexentanzplätzen, das Herb-Liebliche der Bündner Herrschaft mit ihren Bäumen und Quellen, das Mediterrane der Walenseedörfer mit ihren Kultorten, das Naturgewaltig-Kraftvolle der Taminaschlucht mit ihrem Heilwasser, um nur einige zu nennen, samt ihren jeweiligen, ganz speziellen Energien, machen den Zauber der Region aus.

DER LINDWURM
Am Ellberg lebte dereinst ein Lindwurm. Die Mälsner fürchteten sich vor ihm. Damit er nicht ins Dorf kam, brachten sie ihm ganze Kälber, Schafe und Ziegen als Nahrung. Einmal spannten sie grosse Netze aus, um ihn zu fangen, ohne Erfolg. Da beteten sie in ihrer Not zur Mutter Gottes und gelobten, eine Kapelle zu bauen, sollte der Lindwurm verschwinden. Kurz darauf ward er nicht mehr gesehen. Zum Dank errichteten sie das Wallfahrtskirchlein Mariahilf, dessen Turm ein Drachenkopf ziert. Die Höhlen unweit der Kapelle, hoch oben in der Felswand, werden vom Volksmund «Drachenlöcher» genannt.[14]

Der Lindwurm als Heidentum
Das Tierwesen der Fruchtbarkeitsgöttin, die Schlange oder der Drache, der für das Heidentum steht, wird von den Christen bekämpft und schliesslich besiegt. Die Urmutter und Göttin wandelt sich zur Mutter Gottes.

Weesen mit Kloster und historischer Altstadt.

Weesen

Die ovale Bucht, die Riviera am Walensee mit ihrem mediterranen Charme, geschaffen für die gutbetuchten Touristen der Belle Epoque, wird Sie genauso faszinieren wie das Gebiet Hüttenböschen und das mittelalterliche Städtchen mit Kloster und Kirchhügel. Freuen Sie sich auf einen leichten Spaziergang.

Vom Bahnhof kommend überqueren Sie den Linthkanal. Durch die Korrektion (1807–1816) unter der Leitung von Hans Conrad Escher wurde der Wasserspiegel des Walensees um fünfeinhalb Meter gesenkt. Die gefürchteten Überschwemmungen und Malariaausbrüche gingen zurück und legten den Grundstein für die spätere touristische Blütezeit des Kurorts Weesen. Sie spazieren dem Wasser entlang Richtung See und folgen der Seepromenade bis zur Hafenanlage mit ihrem exotischen Baumbestand, geplant um 1860 durch den damaligen «Schwert»-Wirt und Architekten Johann Jakob Breitinger. Nach den Baumexperimenten im Park überqueren Sie die Hauptstrasse beim Hotel Schwert, dem ältesten Gasthof am Walensee, und gehen ins historische Städtchen zum bis heute blühenden Dominikanerinnenkloster Maria Zuflucht, das mit Ausnahme von Kirche und Gästehaus Klausurbereich ist. Weiter folgen Sie der Strasse und gehen hoch zur Heiligkreuzkirche, einer hochmittelalterlichen Gründung mit energetisch interessanten Plätzen. Sie beschliessen Ihren Rundgang auf dem Gelände Hüttenböschen unterhalb des Bahnhofs Richtung See, das dereinst einen stattlichen Römertempel beherbergt hat. In der Nähe liegt, etwas verborgen, ein hübscher, kleiner Sandstrand, der perfekte Ort für eine kleine Pause, bevor Sie zum Bahnhof zurückkehren.

Orte des Staunens am Wanderweg

1. Bäume Stadtpark
2. Kloster Maria Zuflucht
3. Bühlkirche
4. Kultstätte Hüttenböschen

Weesen und Umgebung

1. Springbrunnen und Wasserstandssäule im Hafen
2. Museum & Galerie Weesen

Bahnhof Weesen–Bahnhof Weesen
2,8 km Distanz, 31 Höhenmeter, 1 Std. Gehzeit, Anforderung: T0

Anreise. Mit dem Zug bis Weesen, öffentliche Parkplätze beim Bahnhof, beim Dorfeingang und beim Hafen.

Verpflegung. Diverse Restaurants in Weesen.

▲ BÄUME STADTPARK

Der auffälligste der exotischen Bäume ist der hohe, kegelförmige Tulpenbaum (Liriodendron tulipifera), eine nordamerikanische Baumart aus der Familie der Magnoliengewächse. Kommen Sie im April, Mai oder im Herbst nach Weesen, wenn die grossen, kelchförmigen Blüten zu sehen sind.

Der rund 110-jährige Tulpenbaum gleich neben dem grossen Parkplatz am See eignet sich zum Aufladen, aber Achtung, er ist giftig! Begnügen Sie sich damit, unter den Baum zu stehen. Was spüren Sie? Machen Sie ein zweites Experiment: Halten Sie die Handflächen gegen den Tulpenbaum und gehen Sie aus einigen Metern Entfernung langsam auf ihn zu. Aus welcher Entfernung spüren Sie seine Kraft?

Gehen Sie nun über die kleine Brücke. Bei der Kastanie zu Ihrer Linken fällt der starke Drehwuchs auf. Hier verlaufen die Holzfasern spiralförmig statt parallel zur Stammachse. Damit reagiert der Baum auf den Standort, der für seine Bedürfnisse zu nahe am Wasser liegt. Achten Sie auf unterschiedliche Baumwuchsformen. Die Bäume, die nicht gerade wachsen, haben keinen geeigneten Platz.

Am Stamm der Sequoia, ein paar Schritte weiter, können Sie sich, geschützt von den Ästen, aufladen. Der junge Baum wird zu einer imposanten Erscheinung anwachsen. Seine Kräfte sind aber schon jetzt beachtlich und aufbauend. Halten Sie ihn und geben Sie ihm Ihre Kraft, er schenkt Ihnen dafür seine Energien.

Die exotischen Bäume tragen nebst Feigen und Strand zum südlichen Ambiente Weesens bei.

KLOSTER MARIA ZUFLUCHT

Die Gemeinschaft von Beginen, die hier schon seit dem 9. Jahrhundert bestanden hat, hat sich im Jahre 1256 dem Dominikanerorden angeschlossen. Damit gehören die Dominikanerinnen von Weesen zu den ältesten weiblichen Ordensniederlassungen in der Schweiz.

Das Kloster hat ursprünglich «extra muros civitatis», ausserhalb der Stadtmauern, gelegen. Es wird vermutet, dass sich die Kirche im Bereich des heutigen Gästehauses, im Südflügel der Anlage, befunden hat. Im 17. Jahrhundert sind die Klostergebäude etwas hangwärts verschoben neu aufgebaut worden, und im 18. Jahrhundert haben Pläne bestanden, wegen der immer wiederkehrenden Hochwasser das Kloster in die Höhe, auf das Gmähl, zu verlegen, was der Bau des Linthkanals dann aber erübrigt hat. Nachdem das Klosterleben im Spätmittelalter fast zum Stillstand gekommen war, erlebte es vor allem im 19. Jahrhundert eine grosse Blütezeit und hat bis zum heutigen Tag Bestand.

Beachten Sie das linke Seitenaltargemälde. Dominikus soll von Maria den Rosenkranz erhalten haben.

Wirtschaftliche und geistliche Not trotz Verschärfung des Klausurgebots

Mit Ausnahme der reich ausgestatteten Barockkirche und des Gästehauses können Sie das Kloster nicht besichtigen, da die übrigen Anlagen zum sogenannten geschlossenen Bereich gehören. Den Missständen im klösterlichen Leben des Spätmittelalters ist anfangs 16. Jahrhundert mit einem verschärften Klausurgebot begegnet worden. Das Kloster hat die Glaubenskämpfe der Reformationszeit überdauert, auch wenn viele der Schwestern geflohen oder aus dem Kloster ausgetreten sind. Es hat Jahrzehnte gedauert, bis die Schwesternschaft in ihrem Bestand wieder gesichert gewesen ist und Konventgebäude samt Kirche neu errichtet werden konnten.

Die Klosterpforte mit Fensterlein und Durchreiche entspricht dem Klausurgedanken.

Baugeschichte gibt Auskunft

Energetisch gesehen weist die Klosterkirche interessante Werte auf, die jedoch nicht besonders stark sind. Obwohl Sie hier einen Kraftort vermuten könnten, befinden Sie sich an einem Ort des Staunens. Halten Sie sich zu einer Zeit in der Kirche auf, in der die Nonnen singen und beten, kann es sein, dass sich die Energiewerte etwas erhöhen. Auf jeden Fall ist das Zuhören interessant und erbaulich. Kann es aber sein, dass die Kirche eines der ältesten Dominikanerinnenklöster der Schweiz nicht höhere Energien aufweist? Um diese Frage zu beantworten, müssen wir die Baugeschichte zu Rate ziehen[18]. Sie berichtet von früheren Kirchen, die nicht exakt auf dem Platz des heutigen Gotteshauses gestanden hätten. Den gesuchten Ort finden wir einige Meter entfernt davon im heutigen Gästehaus, wo wir einen wunderbaren Ort der Kraft mit vorwiegend aufbauenden Energien vorfinden und damit die Vermutung, die früheren Kirchen hätten im Bereich des heutigen Gästehauses gestanden, stützen können.

Traditionen werden gepflegt und mit der Zeit verändert
Die frühchristlichen Baumeister haben die Gotteshäuser auf kräftige Plätze gestellt. Obwohl es sich um heilige Stätten der jungen christlichen Glaubensgemeinschaft gehandelt hat, haben sie auf ihr vorchristliches Wissen zurückgegriffen. Heidnische Kultplätze haben sich immer an kräftigen Orten befunden, da sich die Intensität der Erdkräfte unterstützend auf die Riten auswirkt. Erst im Laufe der Zeit ist das alte Wissen verloren gegangen.

Eine schwebende Stimmung zwischen Schwermut und Jubel
Das Gotteshaus mit seinem kleinen Zwiebelturm fungiert als Westflügel der Klosteranlage. Über einen kleinen Hof, durch eine Arkadenvorhalle und durch das Rundbogenportal gelangen Sie in den Kirchenraum, wobei Sie lediglich den Laienraum betreten dürfen. Durch ein Holzgitter wird dieser vom Schiff und vom erhöht liegenden Chor abgetrennt. Durch das flache Tonnengewölbe, die einseitige Belichtung und die Nonnenempore erscheint er eher etwas düster, was jedoch mit der reichen barocken Ausstattung wieder wettgemacht wird. Das Schiff mit seinen zwei Seitenaltären ist durch einen Lettner mit dem gekreuzigten Jesus, dem Chorbogenkruzifix aus dem Jahre 1690, vom Chor mit Hochaltar getrennt. Die Nonnenempore mit der Orgel sowie die Kirchenschätze und die zahlreichen Kunstwerke, welche aus aufgehobenen Dominikanerinnenklöstern stammen, sind nicht zu sehen, was kaum ins Gewicht fällt, wachsen doch Raumschnitt und Ausstattung zu einem ganz eigenen Gesamtkunstwerk zusammen.

BÜHLKIRCHE

Der Vierzehnheiligenkult wird 1484 durch das Kreuzpatrozinium abgelöst. Als Pfarrer Bartholomäus Zwingli, ein Onkel von Huldrych Zwingli, in diesem Jahr die Heiligkreuzbruderschaft gründet, treten ihr beinahe alle Weesener Bürger bei.

Der Hügel dürfte einst eine der unzähligen Burgen (castrae) beherbergt haben, von denen der Name Gaster abstammt. Die beiden Fachwerkhäuser unterhalb der Kirche, die Kaplanei und das Schlössli, stehen wahrscheinlich auf Mauerresten einer alten Burganlage. Seit dem 12. Jahrhundert ist hier eine Kirche nachgewiesen. Die erste dürfte die Eigenkirche des Burgherrn gewesen sein. In mehreren Bauetappen und Stilen ist sie vergrössert und modernisiert worden.

Energetisch gesehen finden Sie hier mehrere Orte der Kraft. Stehen Sie unter die Vierung. Was spüren Sie? Vergleichen Sie mit den Kräften der Bäume! Nun stehen Sie hinter den neuen Altar und danach hinter den Ambo oder das Lesepult und vergleichen wiederum, was Sie an jedem Ort spüren. Erkennen Sie, welcher der drei Orte die stärkste Energie abgibt? Es ist wahrscheinlich, dass sich hier ein wichtiger vorchristlicher Kraft- und Kultplatz befunden hat mit verschieden starken und qualitativ unterschiedlichen Aspekten.

Beachten Sie auch die vierzehn Nothelfer, die vor dem heiligen Kreuz verehrt worden sind und die bis heute ihre Bedeutung beibehalten haben. An der Nordwand des

Der Turm der Kirche stammt wahrscheinlich aus dem 13. oder 14. Jahrhundert.

Dem Kopfwehloch wurde eine schmerzlindernde Wirkung nachgesagt. Ein weiteres Kopfwehloch befindet sich beispielsweise in St. Georgen in Berschis.

Chors finden Sie Reste frühgotischer Wandmalereien, welche die vierzehn Nothelfer darstellen und Zeugnis ablegen vom Vierzehnheiligenkult. Dieser wurde vor allem von den Dominikanern gepflegt, deren Frauenkloster sich in Sichtnähe zur Heiligkreuz- oder Bühlkirche befindet.

Schmerzlindernde Mauernische

Finden Sie in der Aussenfassade die halbrunde Einbuchtung? Einheimische erzählen, dass sie als Kopfwehloch benutzt worden sei, wirkt sie doch wie ein Miniatur-Steintor, in welchem die Strahlung des Kopfes zurückgeworfen wird. Probieren Sie es aus, halten Sie den Kopf hinein und versuchen Sie zu beschreiben, was Sie dabei erleben. Bevor es Tabletten gegen Kopfschmerzen gegeben hat, haben sich die Menschen damit beholfen, regelmässig den gequälten Kopf ins Kopfwehloch zu halten und dadurch Linderung zu erfahren. In der Umgebung finden Sie noch mehrere solcher Kopfwehlöcher; heute eher ein Kuriosum, sind sie früher jedoch mindestens so begehrt gewesen wie Heilkräuter, Heilwässer und Heilplätze.

KULTSTÄTTE HÜTTENBÖSCHEN

Man sieht heute nichts mehr vom gallo-römischen Viereckstempel im Gebiet Hüttenböschen. Selbst der Hügel, auf dem er gestanden hat, ist anlässlich der Linthkorrektion abgetragen worden. Auf alten Karten erkennt man den Punkt als Insel, was, zusammen mit den vorherrschenden Energien, ideal für einen Kultplatz gewesen ist. Nur bei niedrigem Wasserstand konnte man ihn trockenen Fusses erreichen.

1961/62 sind bei archäologischen Grabungen Überreste des Tempels, der zwischen dem 1. und 4. Jahrhundert bestanden hat, zum Vorschein gekommen.[21] Im Zuge der Christianisierung ist er zerstört und als Steinbruch genutzt worden. Knochenfunde und Ausrichtung des Tempels lassen auf einen jahreszeitlichen Kult schliessen. Möglicherweise stammt die Merkurstatue von Schänis aus dem Hüttenböschener Tempel.

Gebiet der ehemaligen Insel, die, ähnlich der Limmatinsel in Zürich, nicht mehr zu sehen ist.

Strand in der Nähe des ehemaligen Vierecktempels.

DER ISISTEMPEL

Ein Tempel, wie ihn die Römer der Göttin Isis weihten, stand in einer Rotunde von Eichen auf einer kleinen Erhebung. Um seine Stufen blühten wilde Rosen, im Vordergrund bildete eine Säulenfront den Eingang in das Innere des Tempelhauses. Bildsäulen schlossen um die beiden Seitenwände einen Halbkreis, in dessen Mitte standen die Göttin Isis und neben ihr Osiris, der Geheimnisvolle, auf einem Podest. Die Göttin war von Gruppen anderer Gottheiten umgeben. In der Mitte dieses halben Zirkels befand sich auf glänzend weissen Stufen der Altar, hier brannte die grünlich matte Opferflamme. Schweigen herrschte beim Eintritt des Christen Hunfried in den geheimnisvollen Hallen. Blitz und Donner durchzuckten den Tempel, nachdem Hunfried mit dem Opfermesser bedroht wurde. Alles erbebte, das Bildnis der Isis zerbrach und ein plötzlicher Glanz erfüllte die Räume.[15]

Graf Hunfried als Klosterstifter

In den Tempel, von Eichen umgeben, geschmückt mit Säulen, dessen Mitte Isis und Osiris wie auch den Altar mit der Opferflamme beherbergt, kommt Graf Hunfried von Churrätien. Bei einer Quelle rastend, hat er eine Vision erlebt. Als er den Tempel betritt, den er zuvor gesehen, triumphiert er, der Vertreter des Christentums, über das Heidentum. Er wertet dies als Zeichen und stiftet das nahe Frauenkloster in Schänis.

Merkurheiligtum oder Isistempel?

Ein Merkurheiligtum an der Transitroute zu den Passübergängen zu vermuten, entbehrt nicht der Logik. Der römische Gott des Handels passt ins Bild. Es ist jedoch ebenso gut möglich, dass der Tempel der Göttin Isis geweiht gewesen ist.

In der ägyptischen Mythologie handelt es sich bei Isis um die Gattin von Osiris, die, den Tod ihres Gemahls beklagend, auch die Göttin der Toten ist. Es gelingt ihr, den zerstückelten Körper von Osiris wieder zusammenzusetzen und ihm Leben einzuhauchen. Sie verkörpert die alte Fruchtbarkeitsgöttin, die im Herbst den Jahreskönig ins Jenseitsparadies schickt und ihn wieder auferstehen lässt. Damit korrespondiert die Idee, dass sich die Toten u.a. auf Inseln aufhalten, was den Standort des römischen Tempels als Platz eines älteren Fruchtbarkeitskultplatzes belegt.

Die Energien sind hier zwar nicht weiter spektakulär. Überblicken Sie dennoch für einen Moment die einzigartige Seeuferlandschaft und stellen Sie sich den geschmückten Tempel, die Stille und den Ernst der Kultstätte vor.

Seebenalp mit Heusee und Kultplatz.

Flumserberg

Wie geschliffene Edelsteine liegen der Gross-, der Heu- und der beinahe verlandete, kleine Schwarzsee in der Senke der Seebenalp. In diese kraftvolle Gegend mit dem alten Kurhaus führt Sie, vorbei an mystischen Plätzen, die abwechslungs- und aussichtsreiche Kraftortroute – gemütlich und genussvoll!

Von Flumserberg-Tannenbodenalp folgen Sie der Naturstrasse durch eine ausgedehnte Reizzone Richtung Tanzplatz. Vorbei am etwas erhöht liegenden Hochzytsbänkli, über den Chatzenberg mit dem verwunschenen Hochmoor, gelangen Sie zum Grosssee auf der Seebenalp, dem Sie auf der südlichen Seite bis zum kleineren Heusee folgen. Nach einem lohnenden Blick vom Aussichtspunkt auf den Walensee und dem Verweilen auf dem Kraftplatz gehen Sie entlang dem nördlichen Grosssee-Ufer zum Kurhaus mit dem dahinterliegenden Schwarzsee zurück und wählen die Route des Retourwegs aus. Es ist nie verkehrt, denselben Weg in beiden Richtungen zu begehen. Bestimmt fallen Ihnen nun andere Dinge auf. Auch der Weg via Bergrestaurant Chrüz ist empfehlenswert. Die Wanderung beschliessen Sie beim Züribänkli, nahe der Tannenbodenalp.

Orte des Staunens am Wanderweg

5. Tanzplatz
6. Hochzytsbänkli
7. Chatzenberg
8. Seebenalp
9. Züribänkli

Flumserberg und Umgebung

3. Kneippanlage Grappawald mit Barfusspfad
4. Schaukäserei Alp Tannenboden
5. Schaukäserei Molseralp

Flumserberg-Tannenbodenalp–Flumserberg-Tannenbodenalp
7 km Distanz, 305 Höhenmeter, 2–2,5 Std. Gehzeit, Anforderung: T1

Sie können die Wanderung während der Sommersaison auch auf dem Maschgenkamm beginnen. Vom hier wandern Sie hinunter zum Grosssee auf der Seebenalp. Sie folgen seinem Ufer bis zum Heusee und gehen auf der andern Seeseite zum Kurhaus. Via Chatzenberg, Hochzytsbänkli, Tanzplatz und Züribänkli gelangen Sie zur Tannenbodenalp.

Anreise. Mit dem Zug nach Unterterzen, weiter mit der Gondel nach Flumserberg, Station Tannenbodenalp, oder mit dem Zug nach Flums und mit dem Postauto nach Flumserberg-Tannenboden, Station Tannenbodenalp. Parkplätze in Flumserberg-Tannenbodenalp.

Verpflegung. In Flumserberg-Tannenbodenalp. Seebenalp und Maschgenkamm während der Sommer- und Wintersaison.

TANZPLATZ

Tanzplätze sind in vorchristlicher Zeit für kultische Rituale genutzt worden. Als Platz ist dafür ein kräftiger Ort mit Kultplatzqualität infrage gekommen. Zur Zeit der Hexenverfolgung sind viele Plätze als Hexentanzplatz bezeichnet worden, an denen sich die Angeklagten zu geheimen Versammlungen getroffen haben sollen.

Hexentanzplatz – Vergnügen oder Kult?

Etwas oberhalb des Tanzplatz-Brunnens in der Wiese finden Sie einen sehr kräftigen Ort, der bei niedrigem Gras zugänglich ist. Die intensive Erdstrahlung ist von auf- und abbauender Energiequalität, was auf einen Kult- und Heilplatz verweist. Vermutlich ist er in alten Zeiten als Tanzplatz von Schamanen oder Schamaninnen genutzt worden, worauf der Name hinweist. Uns ist die Sage über den, wahrscheinlich vergleichbaren, Tanz- und Initiationsplatz am Flumser Kleinberg in Portels bekannt. Welche Funktion der Ort oberhalb des Brunnens gehabt hat, wissen wir nicht. Der grosse Stein von Portels weist auf einen alten Steinkreis oder ein Steinheiligtum hin. Wir bräuchten altes Volkswissen, um den Tanzplatz auf den Flumserbergen noch genauer einordnen zu können.

DIE JUNGFRAU IM SCHILZTOBEL

Auf einem ebenen Platze oberhalb Portels tanzten in früheren Zeiten die jungen Leute. Noch jetzt heisst dieser Ort «Tanzplatz», noch steht der Stein mit dem eingegrabenen Sitze, auf welchem der Geiger seinen Platz hatte.

Eines Sonntagnachmittags erschien aus dem nahen Schilztobel eine Jungfrau in weissen Kleidern. Nachdem sie mit einem jungen Burschen getanzt hatte, bat sie ihn, ihr eine Bitte zu erfüllen, sie sei ein verzaubertes Mädchen und er könne sie erlösen. Sie führte ihn ins Tobel zu einer Höhle, vor der alsdann eine Schlange erschien. Von dieser sollte sich der Bursche für den Lohn einer Kiste Geldes umhalsen lassen, ohne dabei einen Seufzer zu tun. Der Jüngling glaubte, die Probe bestehen zu können, und bald kroch die Otter an ihm herauf und wand sich um seinen Hals, den sie ihm zusammenschnürte. Er öffnete den Mund und seufzte. Sofort löste sich das Tier und weinend verschwand die Jungfrau.[15]

Tanzplatz als Initiationsort

Die Sage verweist in ihrem Kern, der ältesten Ausgestaltung, darauf, dass die Fruchtbarkeitsgöttin in Weiss auf dem Tanzplatz den Jahreskönig wählt und ihn prüft. Er muss ihrer würdig sein und seine Probe bestehen, was er in diesem Falle nicht schafft.

Das Hochzytsbänkli befindet sich an traumhafter Aussichtslage.

HOCHZYTSBÄNKLI

Meist lässt sich an schönen Plätzen gut und lang verweilen, oft möchte man verwunschene Orte betreten und erkunden, aber nicht in jedem Falle ist dies empfehlenswert. Selbst ein schöner Ort ist nicht vor abziehenden Energien gefeit und ein verwunschener beherbergt garantiert Lebewesen, die man stören würde.

An idyllischem Fleck, leicht erhöht, mit einer traumhaften Aussicht, hat sich jemand mit dem Hochzytsbänkli einen Wunsch erfüllt. Gehen Sie zum Bänkli, setzen Sie sich hin und fragen Sie sich beim Zurückkommen, ob Sie länger hätten verweilen wollen. Die Energien sind nicht hoch, aber abziehend. Je nach Konditionierung fühlen Sie sich nicht wohl. Verweilen Sie hier nur, wenn Sie nicht auf die abbauenden Schwingungen ansprechen, bleiben Sie aber auch dann nicht allzu lange an diesem Ort.

Mythische Moorlandschaft am Chatzenberg.

☀️ ▲ CHATZENBERG

Bevor Sie den höchsten Punkt der Wanderung erreicht haben und eine atemberaubende Bergsicht geniessen, führt Sie der Weg rechter Hand an einem kleinen Hochmoor vorbei.

Ohne es zu betreten, können Sie eine geomantische Zone, einen Ort mit vielen Energielinien, beobachten. Die Intensität der Erdstrahlung ist hoch, die Strahlungsqualität aufbauend, Sie stehen hier vor einem Ort der Kraft. Die Moorlandschaft hat etwas Geheimnisvolles, Verwunschenes an sich. Respektieren Sie den ungestörten Lebensraum der Tiere und Pflanzen. Schauen Sie vom Weg in diese andere Welt hinein. Wenn Sie mit Kindern unterwegs sind, könnten Sie zusammen eine Kobold- oder Feengeschichte erfinden, denn vielleicht sind Ihre Kinder in der Lage, solch märchenhafte Wesen unter den Bäumen zu entdecken.

SEEBENALP

Der Blick auf die Seebenalp mit Gross-, Heu- und Schwarzsee ist eindrücklich, dies umso mehr, wenn sich Himmel, Wolken, Bäume und im Grosssee das alte Kurhaus im Wasser spiegeln. Ursprünglich stand es beim Heusee, wo es 1898 von einer Lawine niedergerissen und 1907 am heutigen Standort wieder aufgebaut wurde.

Die drei Seen, die ursprünglich wohl einen See ausmachten, könnten unterschiedlicher nicht sein. Ein jeder hat seinen eigenen optischen und energetischen Charakter. Der energiereichste von ihnen ist der Heusee, der die beiden anderen, den Grosssee und den teils verlandeten Schwarzsee, speist.

Wer auch immer die rote Steinstele aufgestellt hat, hat den Platz gut gewählt. Sie treffen hier auf ausserordentlich hohe Energien. Aussergewöhnlich ist auch, dass alle Qualitätsaspekte – aufbauend, festigend, auflösend und zersetzend – voll anzeigen. Sensible Menschen dürften hier Wärme, Kribbeln, Vibrieren oder Ähnliches verspüren. Stehen Sie dicht hinter den roten Stein mit Blick auf Wasser und Berge. Entspannen Sie sich, lassen Sie sich Zeit, zu spüren! Möglicherweise ist der Ort auch als Kultplatz verwendet worden.

Abbauende Energien

Der beinahe verlandete Schwarzsee weist abbauende Energien auf. Es erstaunt kaum, dass er auch optisch gegenüber den anderen zwei Seen stark zurücksteht. Geniessen Sie Heu- und Grosssee und gönnen Sie sich, wenn Sie während der Saison hier sind, einen Zvieri auf der schön gelegenen Kurhausterrasse.

ZÜRIBÄNKLI

Unterhalb des Wohnwagendorfes auf der Alp Gamperdon, hoch über dem Walensee mit grandioser Aussicht in Richtung Zürich, befinden sich die sogenannten Züribänkli. Sie stehen auf einem kräftigen Platz mit aufbauenden, gesunden Energien und laden dazu ein, zu verweilen. Unter den Gästen fungieren sie als Geheimtipp.

Auf dem Rückweg, westlich der Tannenbodenalp, schliessen Sie Ihre Kraftort-Rundwanderung bei den beliebten Züribänkli ab. Ein grossartiger Abschluss für eine Orte-des-Staunens-Wanderung als die Züribänkli lässt sich kaum vorstellen. Hier können Sie verweilen und einfach nur sein. Ihr Blick schweift von der markanten Kette der geologisch interessanten Churfirsten zum Walensee mit der nicht minder interessanten Färbung seines Wassers und weiter auf Himmel und Wolken und vielleicht auf eine blutrot gefärbte, untergehende Sonne. Immer wieder erweisen sich Orte der Kraft als zeitlos. Beim Verweilen spielen Zeit und Hektik plötzlich keine Rolle mehr. Und es würde nicht verwundern, wenn sich an diesem Platz beim Innehalten ein wunderbares Wohlbefinden einstellte. Die vorgefundenen energetischen Qualitäten des Ortes sprechen dafür. Es ist ein Platz zum Ballastabwerfen, ein Ort, an dem Sie mit sich und der Welt ins Reine kommen können. Die Geländeform mit ihren sanft abfallenden Weiden erleichtert es Ihnen und bietet an, die Belastungen symbolisch hinunter, in die Tiefe, zu werfen. Probieren Sie es aus! Ob Johanna Spyri wohl hier für ihre Heidi-Geschichte inspiriert worden ist? Die Energien würden es begünstigen, der Weitblick wäre ebenfalls gewährleistet. Wer weiss!

Züribänkli – der Traumort bei Sonnenuntergang.

Versuchen Sie, solch wohltuende Plätze auch in Ihrem Alltag zu besuchen. Eine kurze Rast an einem aufbauenden, gesunden Ort tut gut und stärkt oft mehr als ein Aufenthalt bei einer teuer zu bezahlenden Fachperson. Allenfalls haben Sie in der Nähe ein Bänkli, einen grossen Stein, eine Kirche? Finden Sie Ihren persönlichen Entspannungsort.

Tipp
Geniessen Sie die Stille und Ruhe in der Natur in der Zwischensaison. Beachten Sie, dass in dieser Zeit das Kurhaus geschlossen ist.

Das Friedensmal des Künstlers Karl Bickel auf 1300 Meter über Meer – beispielhaftes Zusammenwirken von Natur und Kunst.

Walenstadtberg

Ein Monument in monumentaler Landschaft mit Energien zum Meditieren und Zu-sich-Kommen – das Paxmal und die Alpen ob Walenstadtberg werden Sie begeistern! Obwohl der Anfahrtsweg lang und schmal ist und es sich beim Paxmal nicht um einen Kraftort handelt, lohnt sich der Ausflug in eine andere Welt auf jeden Fall.

Von der Reha-Klinik steigen Sie auf dem Strässchen auf bis Schrina-Hochrugg und zweigen rechts Richtung Paxmal ab. Nun folgen Sie dem Wanderweg und kommen vorbei an Weideland und Kühen zum gemütlich wirkenden Bauernhaus im verträumten Grund. Nehmen Sie Bild und Kräfte in sich auf, verweilen Sie hier einen Moment, bevor Sie den kurzen Weg zum Friedensmal zurücklegen. Lassen Sie sich Zeit, erkunden und erspüren Sie das Paxmal, geniessen Sie die Fernsicht. Beim Rückweg wählen Sie nach der ehemaligen Villa Bickel das Wiesenweglein, das links abbiegt. Es führt Sie entlang der Krete durch eine Reizzone mit interessanten Baumwuchsformen. Etwas weiter begegnen Sie den Gleitschirmpiloten beim Starten, und schon sind Sie zurück auf dem bekannten Weg.

Alp- und Kulturweg Schrina – eine lohnende Zusatzroute
Die Landschaft auf Schrina-Hochrugg lohnt sich, entdeckt zu werden. Der kurze, kinderwagentaugliche Weg führt vom Paxmal zur Alp Schrina, der längere verbindet Schrina-Hochrugg über Schrina-Obersäss mit der Alp Tschingla. Schwindelfreie nehmen die alpine Route über den Sitzstein.

Orte des Staunens am Wanderweg
10. Paxmal

Walenstadtberg und Umgebung
6. Alp- und Kulturweg Schrina

Reha-Klinik Walenstadtberg–Reha-Klinik Walenstadtberg
7,2 km Distanz, 364 Höhenmeter, 2,5 Std. Gehzeit, Anforderung: T1

Anreise. Mit dem Zug nach Walenstadt, von hier mit dem Bus nach Walenstadtberg bis Haltestelle Reha-Klinik (Parkplätze vorhanden), oder mit dem Auto bis Parkplatz Schrina-Hochrugg

Verpflegung. In Walenstadtberg und einfache Verpflegung auf Alp Schrina.

PAXMAL

Vorbei an der ehemaligen Villa Bickel erreichen Sie eine Geländeterrasse, die den Blick freigibt über Walensee und Seeztal. Mit dem Paxmal, dem Friedensmal, dessen Grundgedanke der Frieden für alle ist, hat Karl Bickel einen Ort der inneren Einkehr, der Meditation über den Menschen und seine Ziele geschaffen.

Ebenfalls reflektiert das Paxmal die Lebens- und Gesellschaftsformen des Menschen. Das pazifistische Gesamtkunstwerk will nicht als Kultstätte verstanden werden. Vielmehr will es zum Innehalten und Nachdenken anregen. Die Interpretation der archaisch-monumentalen Figuren ist für jedermann frei. Dieser Gedanke ist Bickel wichtig gewesen, ebenso ist er seiner betagten Schwiegertochter, die noch immer Führungen anbietet und zum Rechten schaut, ein Anliegen.

Karl Bickel
Der Künstler wird 1886 in Zürich-Hirslanden geboren und verliert mit vier Jahren seinen Vater. 1900 bis 1904 macht er eine Lehre als Lithograf und Clichéezeichner im Atelier Paul Bleuer. In der grafischen Anstalt Hüttner wird er technischer Leiter und eröffnet 1908 sein eigenes grafisches Atelier. Bis 1912 stellt er Briefköpfe, Geschäftsempfehlungskarten und

Der Künstler liebte den Blick auf den Walensee.

Karl Bickel

Modekataloge her, dann lässt er sich in Carrara zum Bildhauer ausbilden. 1913 erkrankt Bickel an Tuberkulose und weilt über ein Jahr zur Kur in Walenstadtberg. Hier stellen sich Visionen ein, die er bei Genesung in Form eines Friedenstempels umsetzen will. 1914 entwirft er, wieder geheilt, vorwiegend Plakate und studiert die menschliche Anatomie anhand medizinischer Lehrbücher. 1916 stellt das Zürcher Kunsthaus seine Rötelzeichnung «Die Nacht» aus.

Der Bau des Paxmals

1924 beginnt Karl Bickel mit dem Rohbau seines ersten Hauses, aus dem in 25-jähriger Bauzeit das Paxmal entsteht. Und er lernt die St.Gallerin Berta Albrecht kennen, die er 1926 heiratet. Sein Sohn Karl wird 1927 geboren. Die Tempelfront des Paxmals dient, verglast, als Atelier, die Giebelfront bis 1938 als Wohnung.

1932 beginnt er an der Westmauer mit witterungsbeständigen Natursteinen die ersten Mosaikbilder anzubringen, die sich noch an römischen Vorbildern orientieren. Später löst er sich davon und arbeitet reliefartig. 1949 ist das Paxmal fertiggestellt und der Künstler wendet sich vorwiegend der Ölmalerei zu. Er wohnt mit seiner Frau im Haus neben dem Paxmal, das er bei schönem Wetter bis ins hohe Alter als Aufenthaltsort im Freien geniesst. Bickel stirbt mit 96 Jahren 1982 auf Schrina-Hochrugg.

Zum Kunstwerk

Mit der Benennung seiner Figuren bietet der Künstler eine Interpretationshilfe an: Die linke Wand stellt mit «Mann», «Weib», «Begegnung», «Das Paar», «Die Zeugung», «Die Erwartenden» und «Das Kind» das körperliche Leben dar, das in der linken Halle mit «Familie» und «Kleine Gemeinschaft» seinen Abschluss findet. Die rechte Wand visualisiert das geistige Leben: «Die Erwachenden», «Die Ringenden», «Die Erwartenden», «Der Empfangende», «Die Schauenden», «Die Aufgehenden». Die rechte Halle rundet das Thema mit «Die grosse Gemeinschaft» und «Arbeitsgemeinschaft» ab.

Das Bild des Alters, der Lebenserfüllung, beherrscht das Zentrum, die Hallenmitte. Die bildliche Verbindung zwischen Bau-

Die grosse Gemeinschaft oder auch die Arbeitsgemeinschaft.

werk und Natur stellen die Tier- und Pflanzendarstellungen zwischen den Säulen her.

Energetische Situation
Das Paxmal ist ein hochinteressanter Ort des Staunens. Energetisch reicht es nicht zum Kraftort. Vor der Erstellung des Paxmals hat es hier nur Wiese und Steinblöcke gegeben. Es handelt sich also nicht um einen alten, bekannten Ort oder um einen geheimen Ort der Kraft, es ist Karl Bickels Ort.

Suchen Sie sich Ihren Platz, wo fühlen Sie sich wohl? Geniessen Sie den Platz zwischen den Churfirsten und dem Walensee, mit der Weite auf der einen und der Schroffheit auf der anderen Seite. Setzen Sie sich mit dem Kunstwerk und seinen Aussagen auseinander und lassen Sie Ihre Seele fliegen, wenn sich der Himmel im Wasser des Beckens spiegelt.

Reizzone
Gehen Sie links über die Geländekante zurück. Schon bald fallen Ihnen spezielle Baumwuchsformen auf, die Bäume zwieseln, ihr Stamm teilt sich. Gefällt ihnen der Ort mit seinen vorherrschenden Energien nicht, suchen sie auf beschränktem Raum den besten Platz und weichen den ungemütlichen Energien so gut wie möglich aus.

Im Grund

Im Norden durch die imposante Churfirstenwand und im Süden durch den kleinen Hügel geschützt, wirkt die kleine Hochebene «Im Grund» tatsächlich wie ein Talgrund. Die energetischen Verhältnisse sind ausgeglichen, man spürt eine starke Verbindung zur Erde, fühlt sich geborgen, ja fast paradiesisch aufgehoben, ausserhalb von Ort und Zeit. Hektik und Alltagsstress haben hier nichts zu suchen. Bleiben Sie stehen, lassen Sie sich ein auf diesen speziellen Platz, der Ähnlichkeiten mit demjenigen des Paxmals aufweist. Spüren Sie den Unterschied?

Hinweise und Tipps
Im Winter ist das Paxmal je nach Schneelage nicht zugänglich.

Das Museum Bickel an der Zettlereistrasse 9 in Walenstadt, getragen von der Karl-Bickel-Stiftung, stellt nebst zeitgenössischer Kunst einmal jährlich Werke von Karl Bickel aus. www.museumbickel.ch.

Ausgewählte Briefmarken des Grafikers und Briefmarkenstechers Karl Bickel sind ganzjährig im Kantonsspital Walenstadt ausgestellt.

Im Grund – Idylle pur, geschützt durch Hügel und Berge.

Flumser-Kapelle und St.-Georgen-Kapelle vor dem Churfirstenmassiv.

Berschis

Besuchen Sie den mythischen Georgenberg oder «St. Jöuri», wie er im Volksmund genannt wird, den wahrscheinlich wichtigsten Kultberg der vorchristlichen Bewohner der Talschaft. Noch heute finden Prozessionen zum Heiligenhäuschen statt. Auch bei Schnee ist St. Georgen ein faszinierendes Erlebnis, Sie werden begeistert sein.

Der Seez entlang wandern Sie nach Berschis, dem kleinen Dörfchen mit seinen engen, verwinkelten Gassen und Strassen am Fusse des Georgenberges. Beim stattlichen Dorfbrunnen gehen Sie ins Dorf hinein und die Strasse hoch bis zum ersten Weg, der rechts abzweigt. Sie folgen ihm bis zur Lourdes-Grotte und dem dahinterliegenden Festplatz. Danach wählen Sie das Weglein, das dem Bergfuss entlangführt, und gelangen schon bald zum «Ughür Brunnä». Sie folgen dem Weglein weiter, bis Sie wiederum rechts abzweigen und auf den Georgenberg steigen. Gutes Schuhwerk ist von Vorteil. Für den Rückweg können Sie nach der Kapelle direkt Richtung Grotte absteigen. Achtung, das Weglein ist recht steil (T2). Es empfiehlt sich, den Aufstiegsweg zurückzugehen und der Strasse nach Berschis zu folgen.

Der St.-Georgen-Berg leitet seinen Namen von Ritter Georg, dem Drachentöter und Vorkämpfer für das Christentum, ab. Ausgrabungen belegen die Besiedelung des Georgenbergs seit der Bronzezeit. Mauerreste, in den Stein gehauene Treppenstufen, Zisternen etc. erzählen vom römischen Kastell, auf dessen Fundament die St.-Georgen-Kapelle erbaut worden ist. Es hat an der oberen Römerstrasse, die über den Georgenberg Richtung Chur beziehungsweise Zürich geführt hat, gelegen.[25]

Orte des Staunens am Wanderweg

11. Lourdes-Grotte
12. Ughür Brunnä
13. Kapelle St. Georgen

Berschis und Umgebung

7. Berschnerfall
14. St.-Justus-Kirche
15. Schlossruine Gräpplang

Bahnhof Flums–Bahnhof Flums
7,2 km Distanz, 159 Höhenmeter, 1,5–2 Std. Gehzeit, Anforderung: T1

Anreise. Mit dem Zug nach Flums, evtl. mit dem Bus weiter bis Haltestelle Berschis Lindenplatz, Parkplätze beim St.-Georgen-Berg.

Verpflegung. In Berschis.

ÜBER DEN ST.-GEORGEN-BERG

In der vorchristlichen Vorstellung entspricht der Georgenberg einem hohlen Ahnenberg, in dessen Innerem sich die Verstorbenen schlafend aufhalten, bis sie von einer gebärfähigen Frau ihrer Sippe wieder ins Leben aufgenommen werden. Erst das frühe Christentum schafft die Wiedergeburtslehre ab.

Diese alte Lehre, die heute wieder Verbreitung findet, besagt, dass sich der Mensch im Alter, ähnlich der Pflanze im Winter, ins Jenseitsparadies zurückziehe und im Frühling wieder zum Leben erwache. Legenden belegen den Kultberg als Ahnenaufenthaltsort und zeichnen ihn als den heiligen Berg des Sarganserlandes aus, dessen Prozessionen und Kultspiele weitherum bekannt gewesen sein dürften.

In der Nähe des Georgenbergs existiert auf Flur Eggli ein Hexentanzplatz.

Aus frühchristlicher Sichtweise halten sich die Toten eine Zeit lang in einem Ahnenberg auf, danach können die einen erlöst werden und ihren Platz im Paradies finden, die andern sind für die Hölle bestimmt. Mit dem Einzug der Vorstellung, der Mensch lebe ein einziges Leben, verliert die Sage an Bedeu-

AUF DEM ST.-GEORGEN-BERG

An der Felswand befindet sich eine Türe, die ins Innere des Berges zu den Schätzen führt. Geistliche Herren treten heraus und sonnen zwischen den Kapellen ihre Messgewänder und kostbare Geräte. Zur Mitternachtsstunde wird es plötzlich hell, und man sieht schwarze Gestalten zwischen den Kapellen Kegel schieben. Mit zwei goldenen Kugeln werfen sie unermüdlich nach silbernen Kegeln, bis Schlag ein Uhr plötzlich alles verschwindet. Von den schwarzen Gestalten tragen einige eine weisse Kopfbedeckung; bei den meisten ist jedoch nichts Weisses mehr zu sehen. Jene sind noch erlösbar, diese nicht.[15]

St. Georgen als Ahnenberg, hohler Berg, Kultberg und heiliger Berg

Bei den geistlichen Herren handelt es sich um die Ahnen der Umgebung, die auf ihre Wiedergeburt warten und die Schätze des hohlen Berges, die Früchte der Erde, an die Sonne und zu den Menschen bringen. Um Mitternacht wird Kegel gespielt. Sagen mit einem goldenen Kegelspiel kommen fast im gesamten deutschsprachigen Raum vor. Das goldene Kegelspiel weist auf vorchristliche Kultspiele hin, die der Sage nach auf dem St.-Georgen-Berg stattgefunden haben.

Im Vordergrund der St.-Georgen-Berg – einer der ersten christianisierten Orte der Region.

DIE KLAUSNERIN VON WALLENSTADT

Auf dem hohen Felsen, der die wahrscheinlich auf den Ruinen einer Römerburg erbaute Wallfahrtskapelle St. Georg bei Berschis trägt, hausten einst bis vor der Reformation Klausnerinnen, Waldschwestern oder Beginen.

Seither wandelt zu gewissen Zeiten des Nachts mit goldenen Schüsseln in der Hand eine weiss gekleidete Jungfrau auf jene Stätte. Wer den Bann lösen würde, welcher diese längst hingeschiedene Jungfrau immer noch auf der Erde herumzuwandeln zwingt, wäre reich genug für sein ganzes Leben. Allein dieses Erlösungswerk ist schwierig und gefährlich.[15]

Erd- und Fruchtbarkeitsgöttin

Bei der weissen Frau mit dem goldenen Schlüssel, die wir aus unzähligen Legenden und Sagen kennen, handelt es sich um die Reichtum spendende Erd- und Fruchtbarkeitsgöttin. Sie ist die Hüterin der Schätze der Erde, ihr Symboltier ist die Schlange oder Drachenschlange. Wenn Ritter Georg das Heidentum bekämpft, indem er den Drachen oder die Drachenschlange besiegen will, so kämpft er gegen altüberlieferte, vorchristliche Vorstellungen und deren Umsetzungen sowie gegen die Plätze der Umsetzung.

tung, wohingegen die vorchristliche Überzeugung der ewigen Wiedergeburt im Kern der christianisierten Sage steckt.

Die weisse Frau mit dem goldenen Schlüssel

Neben den Ahnen ist auf dem Georgenberg auch die Erdgöttin als weisse Frau mit dem goldenen Schlüssel bekannt.

Es ist wahrscheinlich, dass der St.-Georgen-Berg einer der ersten christianisierten Plätze der Umgebung ist. Die Menschen haben ihn im frühen Christentum weiterhin als heidnischen Kult- und Ahnenberg verehrt, so musste er sofort christianisiert werden. Interessant sind Sonne und Mond, die in der Apsis der Kapelle als Zeichen des Lebens und der Wiedergeburt die vorchristliche Tradition im neuen christlichen Umfeld weiterpflegen.

LOURDES-GROTTE

Die Grotte wird 1921 eingerichtet, nachdem die Talschaft vor drohender Viehseuche verschont geblieben ist. Obwohl es sich nicht um einen alten religiösen Ort mit kräftigen Energien handelt, ist es ein bemerkenswerter Platz. Wie die Mehrzahl der Grotten, hat sie eine reinigende Wirkung, indem sie Ihnen Energie entzieht.

Treten Sie vor die Grotte, und Ihnen wird Kraft abgezogen. Dasselbe erleben Sie, wenn Sie durch die Tür einer Kirche treten. Es findet ein energetischer Reinigungsprozess statt, indem Ihre Energien verringert und das Defizit mit aufbauenden Kräften aufgefüllt wird. Auf den Bänken unter den grossen, alten Bäumen lässt sich gut ruhen, in sich gehen und die Kraftreserven wieder aufbauen. Die Energien hier sind aufbauend und gesund.

Versammeln Sie sich
Ist das Gras kurz, empfiehlt sich ein Gang durch das umliegende Gelände. Die kleine Senke gibt von ihren Energien her einen wunderbaren Fest- und Versammlungsplatz ab. Ob er auf diese Weise genutzt worden ist, ist nicht belegt, aber sehr gut vorstellbar. Erkunden Sie den spannenden Ort und verweilen Sie hier. Leben Sie in der Nähe, verlegen Sie den nächsten Familienausflug hierher oder überraschen Sie Ihre Liebsten mit einem stilechten englischen Picknick.

Die erst im 20. Jahrhundert angelegte Lourdes-Grotte.

Das verteufelte Quellheiligtum führt immer Wasser.

▼ **UGHÜR BRUNNÄ**

Beim Ughür Brunnä handelt es sich um eine stattliche, natürliche Gletschermühle von einigen Metern Durchmesser. Es wird erzählt, die Römer hätten den beinahe runden Brunnen, der immer mit Wasser gefüllt ist, in den Fels getrieben. Belegt ist, dass sie ihn als Frischwasserspeicher genutzt haben.

Später hat er an Bedeutung verloren. Die tiefen, abbauenden Erdenergien sind nicht bekömmlich. Niemand möchte sich über längere Zeit vor dem Brunnen aufhalten, obwohl die Kräfte in der Gletschermühle selbst wieder ganz anders sind. Wahrscheinlich handelt es sich beim Ughür Brunnä um ein altes Quellheiligtum. Warum aber wird der Ort vom jungen Christentum verteufelt? Sehr wichtige und bekannte Orte der Heiden sind uminterpretiert in den christlichen Glauben integriert worden, weniger wichtige sind verteufelt worden. Denken Sie etwa an die vielen Teufelssteine und Teufelsschluchten.

DER UGHÜR BRUNNÄ
Tief in der mit Wasser gefüllten Grotte sind unermessliche Schätze aus Gold und anderen Kostbarkeiten verborgen, die der Satan in Form einer ungeheuren Schlange hütet. Versucht jemand, die Schätze zu heben und die büssende Seele zu erlösen, speit die Schlange gewaltig Gift und Feuer. Gelingen würde dies nur mit Gebeten aus dem VI. Buch Mose. Die Schlange würde sich verkriechen, die Seele wäre erlöst und der Erlöser immens reich.[15]

Schlange als Satan
Der Satan hütet in Form einer Gift und Feuer speienden Schlange, einer Drachenschlange, die Schätze im Brunnen. Mit christlichen Inhalten, Gebeten und Sprüchen aus dem VI. Buch Mose könnte man sie vertreiben. Nun wird klar, dass mit der Drachenschlange das Heidentum gemeint ist. Da niemandem auf Anhieb die Vertreibung gelingt, lässt man die Schlange im Brunnen und verteufelt ihn.

Blick vom Altar zum Eingang und zum neutralisierten Bankraum.

⊕ ▲ KAPELLE ST. GEORGEN

Auf dem höchsten Punkt des St.-Georgen-Bergs befindet sich das romanische Kirchlein, das aus dem 11./12. Jahrhundert stammt. Es handelt sich dabei um eine der wenigen zweischiffigen Kirchen in der Schweiz.

Wenn Sie den Innenraum betrachten, wird Ihnen schnell bewusst, weshalb sich die Ein- und die Dreischiffigkeit im Kirchenbau durchgesetzt haben. Angebaut ist ein flach gedeckter Raum, in dem vom 14. bis zum 16. Jahrhundert Beginen gewohnt haben sollen.

Energetische Verhältnisse

In der Kirche können Sie auf bestimmten Plätzen Energien tanken. Bleiben Sie auf dem oberen Tritt der Treppe unter der Eingangstüre stehen. Hier ist ein Ort der energetischen Reinigung, der Ihnen Kräfte entzieht. Mit positiver Energie aufladen können Sie sich gleich nach dem Eintreten. Der Bankraum zwischen den Säulen ist mit zwei Adernsteinrechtecken energetisch ausgeglichen worden. Mit dieser steinzeitlichen Kulturtechnik wird der Ort energetisch neutralisiert, sodass der Organismus keiner Störung durch geophysikalische Strahlung ausgesetzt ist – ein idealer Platz für innere Einkehr und Meditation. Unter der Altarsäule liegt das Zentrum eines zehnarmigen Adernsterns, womit das Energiefeld verstärkt wird. Aufladen können Sie sich vor dem Altar, dem ausserordentlich starken Kraftplatz schlechthin, der mit grösster Wahrscheinlichkeit schon in vorchristlicher Zeit als Kultplatz genutzt worden ist. Lassen Sie bei dieser Gelegenheit die Schönheit der Fresken auf sich wirken.

Adernsteine

Mittels Rätia- oder Adernsteinen haben die Menschen in vorchristlicher Zeit Kraftfelder und -linien gelegt. «Adernsteinrechteck», «Adernstern», «Steinadern» sind Begriffe, die auf die Forschungen des Rätiastein-Forschers und Buchautors Gerhard Pirchl zurückgehen. Die poröse, leicht gelblich oxidierte Oberfläche des Steins erzeugt ein Kraftfeld. Legt man die Steine hintereinander, potenziert es sich. Auf diese Weise lassen sich Kraftlinien legen, die zum Beispiel mit dem Pendel gefunden werden können. Ötzi hat drei Pendel auf sich getragen. Wahrscheinlich ist er damit der Kraftlinie gefolgt und hat so seinen Weg auch bei Nebel oder Schnee finden können. Legt man die Steinadern sternförmig, baut sich ein Kraftfeld auf. Wozu Adernsterne im Einzelnen gebraucht worden sind, für kultische oder astronomische Zwecke, ist nicht sicher. Eine Vielzahl alter Kirchen steht auf einem künstlich verstärkten Kraftfeld.

Kopfwehloch mit hohen Energien

Schriftlich findet das Kopfwehloch auf der Hinterseite des Altars erstmals im 17. Jahrhundert Erwähnung. Im Visitationsbericht aus dem Jahr 1631, geschrieben von Caspar Sayn, Generalvikar in Chur, heisst es: «Hinden im Altar ist ein Loch, darin viel Leut ihre Kopf für dz Hauptwe halten.» Älteren Berschnern ist das Kopfwehloch ein Begriff. Vor Jahren ist eine Mutter mit ihrem Sohn jeden Tag von Flums hinauf zum Kopfwehloch gewandert. Innerhalb von vier Wochen hat das Kopfweh des Knaben nachgelassen, obwohl alle vorgängigen Versuche gescheitert sind.

Wichtiger Hinweis

Um die Kapelle besichtigen zu können, muss vorgängig zwingend der Schlüssel reserviert und in Berschis abgeholt werden. Tel. 081 733 29 38

St.-Georgen-Kapelle mit halbrunder Apsis und angebautem Beginenteil.

Die St.-Justus-Kirche mit altem Friedhof und Linde.

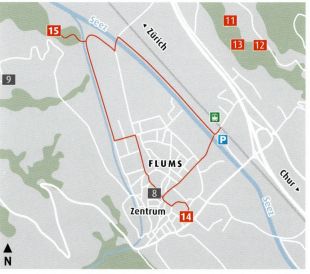

Flums

Von der «ecclesia plebeia ad flumina», der Volkskirche zu Flums, zum «crap long», zum «langen Felsen», führt Sie die Kraftortroute von altem Kultplatz zu altem Kultplatz. Jede Generation nutzt die Plätze für ihre Riten – bis in die heutige Zeit. Geniessen Sie diese spannende Rundwanderung.

Scherben und Münzen sowie Reste einer alten Römerstrasse belegen eine römische Siedlung im heutigen Flums, das als «flumini» im Jahre 756 n. Chr. erstmals urkundlich erwähnt wird. Vom Bahnhof Flums wandern Sie Richtung Zentrum zur alten St.-Justus-Kirche. Über den Kirchplatz mit Klopfsteinpflaster, Brunnen und Linde gehen Sie auf das Gotteshaus zu, eines der kostbarsten Kunstdenkmäler des Kantons St. Gallen. Sein rotbrauner Verputz, hergestellt aus dem örtlichen Verrucano-Gestein, lässt es in Einklang mit der Natur erscheinen. Auch wirkt sich sein mattes Rotbraun farbgebend auf seine modernere Umgebung aus. Nach dem Besuch von Kirche und Friedhof folgen Sie dem Wegweiser, gehen am Sportplatz vorbei und wählen den Weg, der Sie entlang der Seez zum Burghügel führt. Nebst einem Aussichtsrestaurant erwartet Sie die Burgruine Gräpplang samt Feuerstelle. Erkunden Sie die sorgfältig restaurierte Anlage. Für den Rückweg steigen Sie an der Kläranlage vorbei zur Seezbrücke hinab und folgen der Seez zurück zum Bahnhof.

Haben Sie noch etwas Zeit, gehen Sie bei Gräpplang das Strässchen, auf dem Sie aufgestiegen sind, noch ein Stück weiter bergan zur romanischen St.-Jakobs-Kapelle mit der Kopie der berühmten Flumser Madonna, deren Original im Zürcher Landesmuseum hängt.

Orte des Staunens am Wanderweg

14. St.-Justus-Kirche

15. Schlossruine Gräpplang

Flums und Umgebung

8. Maskenkeller Flums (Restaurant Pöstli)
9. St.-Jakobs-Kapelle
11. Lourdes-Grotte
12. Ughür Brunnä
13. Kapelle St. Georgen

Flums Bahnhof–Flums Bahnhof
5 km Distanz, 78 Höhenmeter, 1,5 Std. Gehzeit, Anforderung: T1

Anreise. Mit dem Zug nach Flums, Parkplätze beim Bahnhof und im Dorfzentrum.

Verpflegung. In Flums und bei der Burgruine Gräpplang.

ST.-JUSTUS-KIRCHE

Die erste karolingische Kirche, die «ecclesia plebeia ad flumina», die Volkskirche zu Flums, datiert um das Jahr 800. In den folgenden Jahrhunderten wird sie im romanischen Stil erneuert und gotisch erweitert. Sehen Sie in der Fassade die ehemaligen Fenster?

Unter den Fundamenten befinden sich nebst den Überresten eines römischen Gutshofes alemannische Gräber.[8] Nachdem die Kirche 1867 hätte abgebrochen werden sollen, stehen sie und der alte Friedhof seit dem Jahre 1933 unter dem Schutz der Schweizerischen Eidgenossenschaft.

Kirchplatz birgt Geheimnisse
Der hübsche Kirchplatz bedeckt zwei sogenannte Adernsterne mit je drei sich kreuzenden Steinadern. Diese sind mit geeigneten Steinen als Kraftlinien in den Boden gelegt worden. Der eine Stern, zwischen Brunnen und Friedhofstor gelegen, ist ein anregender Ort. Finden Sie ihn? Vielleicht spüren Sie ein Kribbeln und warme Füsse. Der andere, dessen Zentrum sich bei der Totenleuchte auf dem alten Friedhof befindet, ist ein ausgleichender Ort. Zusammen bilden die beiden Adernsterne eine anregend-ausgleichende Einheit.

Beim Betreten der Kirche fällt im schwach erleuchteten, reich geschmückten Kirchenraum die Abweichung des neuen, vergrösserten gotischen Chors um gute 20 cm aus der Achse auf. Die alten Baumeister haben Energiefelder und -linien gekannt und respektiert und ihnen den Vorzug vor der schön anzusehenden Symmetrie gegeben. Der Chor bleibt, stets etwas grösser werdend, durch alle Bauetappen hindurch am selben Ort, was seine Wichtigkeit belegt. Er ist durch die im Chorbogen angebrachte Kreuzigungsgruppe aus dem Jahre 1700 lettnerartig vom Schiff getrennt. Die Energien sind hier entsprechend tief. Stehen Sie vor die Absperrung, verweilen Sie aber nicht allzu lange.

Fastentuch
Das schwarze, barocke Hunger- oder Fastentuch, Ende 17. Jahrhundert, das beinahe die gesamte Wandhöhe abdeckt, ist

Innenraum der St.-Justus-Kirche mit Blick zum Chor.

eines der wertvollsten Güter der Kirche. Es erinnert an den beim Tod von Jesus zerreissenden Vorhang im Tempel von Jerusalem. Auf schwarzem Grund sind Jesus am Kreuz sowie die Leidenswerkzeuge und die weiteren Beteiligten dargestellt. Zur Fastenzeit hat man das Tuch, um die Sünder auf ihren Platz zu verweisen, in den Chorbogen gehängt, wo es die Sicht auf den Altar verdeckt hat. Stehen Sie vor das Fastentuch. Wie fühlen sich die Energien an?

Wenden Sie sich dann nach vorne zum Rokoko-Hochaltar. Leider können Sie sich nicht davorstellen und sich energetisch aufladen. Er markiert den starken Kraftplatz in der Kirche. Seine Energien sind ausgeglichen und aufbauend. Dass der Ort in vorchristlicher Zeit als Kultplatz gedient hat, wie gerne behauptet wird, ist möglich, allerdings lassen die Energiequalitäten diese Nutzung nicht unbedingt vermuten.

WIE DIE KIRCHE ZUM NAMEN KAM – DER HEILIGE JUSTUS

Durch Eingebung von Gott sieht der zehnjährige Justus im Traume, wo sein Onkel lebt. Mit seinem Vater begibt er sich von Auxerre auf die Suche nach dessen Bruder, der als Kind als Sklave verkauft worden ist. In Amiens finden und befreien sie ihn. Die beiden Männer verbergen sich in einer Höhle, während der Junge in die Fänge von Christengegnern gerät und, da er weder die Männer verrät noch seinem christlichen Glauben abschwört, am 18. Oktober 287 enthauptet wird und einen Märtyrertod stirbt. Justus nimmt sein Haupt in die Hände und trägt es zu seinem Vater, der es der Mutter bringt.[9]

Weisendes Haupt
Ähnlich wie die Häupter von Felix und Regula in Zürich, weist Justus' Kopf, gepaart mit des Abtes Weitsicht, den heiligen Ort. Nachdem er in der Kirche von Auxerre Wunder vollbracht hat, wird Justus heiliggesprochen. Der Abt von Pfäfers erwirbt das Haupt für sein Kloster. In Flums verhindert ein starkes Unwetter jegliches Durchkommen, was er als Fügung erkennt und das Haupt in der «ecclesia plebeia» zu Flums niederlegt. Ohne Unterkiefer, aber ansonsten gut erhalten und schön geschmückt, kann es heute im Zürcher Landesmuseum bewundert werden.

Justuskirche mit Platz und Linde, die Adersterne verlaufen in der Erde.

Heidnische Spuren
Das Christentum hat sich erst langsam von den vorchristlichen Traditionen verabschiedet. So entdecken Sie im Seitenaltar im Hahn den alten Wettergott Donar und im Sakramentshäuschen das alte Fruchtbarkeitssymbol der drei an den Ohren verbundenen Hasen.

Energiezeichen an der Wand
Wie in vielen alten Kirchen fallen auch in der Kirche St. Justus, aufgemalt auf die Wände, die sogenannten Apostel- oder Energiezeichen mit einem Kreuz in einem Kreis auf. Sie kennzeichnen den Verlauf von Energielinien im sakralen Raum. Der Krafteintritt wird gekennzeichnet durch ein ausgemaltes Kreuz, der Kraftaustritt durch ein Konturkreuz. Finden Sie alle Energiezeichen?

Friedhof
Urkundlich erstmals im Jahre 1303 erwähnt, erinnert der alte Friedhof mit seinen schmiedeeisernen Grabkreuzen aus dem 16.–19. Jahrhundert an die tirolerisch-bayerische Volkskunst. Schauen Sie sich die einzelnen Kreuze an. Ein jedes ist ein Kunstwerk mit reichhaltiger Symbolik. Auch hier finden Sie in der Jakobslilie ein vorchristliches Symbol der Wiedergeburt. Bei der Totenleuchte, dem Zentrum des Adernsternes, befindet sich ein Ort der Kraft.

Nachdem die Kirche 1867 hätte abgebrochen werden sollen, stehen sie und der alte Friedhof seit dem Jahre 1933 unter dem Schutz der Schweizerischen Eidgenossenschaft.

SCHLOSSRUINE GRÄPPLANG

Ausgrabungen belegen menschliche Besiedelung seit der frühen Bronzezeit. Über den gesamten Burghügel erstreckt sich in der späten Bronzezeit das Siedlungsgebiet, auf dem Archäologen Tierknochen von gezüchteten Nutztieren wie Schafen, Schweinen, Ziegen und Rindern gefunden haben, ebenso Waffen, Werkzeuge und Schmuck.

Mit dem Rückzug der Gletscher am Ende der letzten Eiszeit hat sich zwischen Zürich und Sargans ein einziger grosser See gebildet. In den folgenden Jahrtausenden beginnt sich das Wasserbecken durch die Ablagerungen der einmündenden Gewässer langsam zu verkleinern und aufzufüllen. In der Bronzezeit hat Gräpplang als langer Felsen am östlichen Ufer des Sees gelegen, von dem aus der Warentransport Richtung Zürich organisiert worden ist. Die Güter sind auf dem Seeweg bis Gräpplang und weiter mit Saumtieren auf dem Landweg Richtung Osten ins Tirol und Richtung Süden in den Mittelmeerraum transportiert worden.[22] Der crap long hat sich zu einem wichtigen Warenumschlagplatz auf der Handelsroute entwickelt und seine Bedeutung mit der Verlandung des Sees wieder verloren. Aus der folgenden Eisenzeit fehlen Fund-

Die vorbildlich restaurierte Ruine thront stolz auf dem Gräpplang-Hügel.

stücke jeglicher Art. Der Hügel scheint erst mit Beginn der Ritterzeit wieder bewohnt gewesen zu sein.

Burgruine Gräpplang

Auf dem Burghügel steht die Ruine der im Mittelalter bekannt gewordenen Ritterburg, welche die Herren von Flums um 1220 auf dem crap long errichtet haben. Nach mehreren Lehenbesitzern ist die Burg 1419 an Zürich gefallen und 1440 durch Glarner und Schwyzer Truppen zerstört worden. Der Bruder des Chronisten Ägidius Tschudi, Ludwig Tschudi, hat 1528 die Festung erworben, die nach reger Bautätigkeit 1767 infolge finanzieller Probleme wieder veräussert werden musste. Mehrere Besitzer haben die Burg ebenso wenig halten können, und im Jahre 1804 ist sie, verwahrlost, zum Abbruch verkauft worden. 1923 hat die Gemeinde Flums die Ruine gekauft und renoviert und ist seither für den Unterhalt zuständig.

Kultplätze?

Stellen Sie sich in den obersten, grossen Raum der ehemaligen Burg und geniessen Sie die Aussicht. Hier finden Sie einen Ort der Kraft, der sich von seiner Energiequalität her als Kultplatz eignet. Möglicherweise ist er in vorchristlicher Zeit als solcher und nicht als Siedlungsort genutzt worden. Für die Bewohner der Burg ist der Platz sicherlich zu stark gewesen. Sollte eventuell einer der bösen Burgherren hier geschlafen oder getafelt haben, können Sie seine Unausgeglichenheit, die sich zur Tyrannei entwickelt hat, zu einem Teil dem falschen Aufenthaltsort zuschreiben.

Die restaurierten Mauern und eingezogenen Treppen vermitteln Ihnen ein gutes Bild der Burg. Was meinen Sie, würden Sie zum Burgherrn oder zur Burgfrau taugen? Wenn Sie sich genügend umgeschaut haben, gehen Sie zur Feuerstelle im

SCHLOSS GRÄPPLANG

Im ganz alten Schlosse lebte einst ein strenger Zwingherr, der seine Bauern zu harter Arbeit antrieb. Genügte einer nicht, wurde er an den Nussbaum, der in der Mitte des Schlossgartens wuchs, gebunden und blutig geschlagen. Das sah sich der Zwingherr jedes Mal an und lachte laut dazu. Alle waren froh, als dieser starb. Jeden Mittag um zwölf sah man danach einen Mann im Nussbaum, der so laut lachte, wie er nur konnte. Der Schlossgarten um den Baum herum verwilderte, weil niemand dort arbeiten wollte, bis eines Tages der Nussbaum gefällt wurde und eine Stimme ihren Dank aussprach. Das Fällen war die Erlösung.[15]

Patriarchen

Nicht alle Burgherren scheinen gute Herren gewesen zu sein. Dies zeigt auch die zweite Sage vom bösen Burgherrn. Beide berichten von einem Tyrannen, der seine Untertanen schamlos ausgenützt hat und dafür büssen musste.

Der Name Gräpplang leitet sich vom romanischen crap long, langer Felsen, ab.

Burgruine Gräpplang vom Kultplatz her gesehen.

ehemaligen Burghof. Hier finden Sie nochmals einen Kraftplatz mit Kultplatzqualitäten. Die Intensität seiner Energien ist bedeutend höher als bei demjenigen in der Burg.

Wenn es in der vorchristlichen Siedlung einen Kultplatz gegeben hat, dann ist anzunehmen, dass er hier gewesen sein muss. Spuren im Gras verweisen darüber hinaus auf eine moderne Nutzung des Platzes. Die Kräfte sind offensichtlich noch heute bekannt.

DER BÖSE SCHLOSSHERR

Auf der Burg Gräpplang wohnte einst ein böser Schlossherr, der von den Bauern Unmögliches verlangte. Einer sollte die mächtigste Eiche, die im Walde stand, an einem Stück zur Stelle schaffen. Da erschien ein gut gekleideter Fremder, der Hilfe versprach und mit einem Wagen und vier feurigen Rappen die Eiche entwurzelte und zum Schloss brachte.

Wie erschrak da der Schlossherr, als er den Ankömmling gewahrte, den er hatte warten lassen. «Aha, du kennst mich?», fragte der Fremde, packte den Tyrannen, und in sausender Eile und unter Geschrei ging es nach dem Haken hin. Der Bauer aber blieb vor dem Schlosse stehen und sprach ein frommes Gebet; denn jetzt wusste er, wer der starke Fremde war.[15]

Teuflische Strafe

Hier kommt gar der Teufel persönlich zu Hilfe. Der Schlossherr befiehlt Unmögliches und lässt dann den Bauern noch warten, was sich der Teufel im Gegensatz zum Bauern nicht gefallen lassen muss.

An diesem Platz sind vorchristliche Jahreszeitenfeste gefeiert worden.

Mels

Achten Sie auf die spezielle Atmosphäre, die Sie beim Eintreten in den Eichenmischwald des Tiergartenhügels empfängt. Je länger Sie sich darin aufhalten, je stärker spüren Sie die fast mystische Ausstrahlung des Ortes.

Der Weg führt Sie zunächst vom Bahnhof Mels auf einem gemütlichen Spazierweg der idyllischen Seez entlang. Vorbei an der Melser Lourdes-Grotte mit Kreuzweg und der Ortschaft Plons erreichen Sie den Tiergarten. Der kleine Hügel ist eine Welt für sich. Er besteht aus eisenhaltigem Verrucano-Gestein, das zwischen Walensee, Seez- und Vorderrheintal gehäuft vorkommt. Es handelt sich dabei um einen Feinsandstein aus der Permzeit, der vor etwa 270 Millionen Jahren, lange vor der Bildung der Alpen, als Ablagerungsschutt des Gebirges ins Tiefland geschwemmt wurde, wo sich das Material verfestigte. Heute wird der rote Sandstein noch immer abgebaut.[24]

Wenn Sie dem Weg auf den Hügel folgen, gelangen Sie auf einen geräumigen, runden Festplatz. Im Fels finden Sie einen höhlenartigen Raum. Gehen Sie den Pfad weiter nach oben. Sie gelangen nach einem erstaunlich mühelosen Aufstieg zur Lichtung mit dem Steinheiligtum. Sind Sie gut zu Fuss, lohnt es sich, den Tiergartenhügel noch weiter zu erkunden. Unterhalb des Steinheiligtums finden Sie einen wunderbar geschützten Platz. Hier kann man den Ahnen bei der Vorbereitung ihrer Rituale vor dem geistigen Auge förmlich zusehen. Achtung: Sie sind auf eigene Gefahr unterwegs. Bei den Wegen handelt es sich lediglich um Wildwechsel, bitte gehen Sie vorsichtig und denken Sie daran, dass Sie wieder hinaufsteigen müssen.

Orte des Staunens am Wanderweg

16. Tiergarten

Mels und Umgebung

10. Melser Geoweg

11. Lourdes-Grotte Mels

12. Grotte Tils

13. Weinbau-Weg Sargans–Mels

Mels Bahnhof–Mels Bahnhof
5,8 km Distanz, 56 Höhenmeter, 1,5 Std. Gehzeit, Anforderung: T1

Anreise. Mit dem Zug nach Mels, evtl. mit dem Bus weiter bis Haltestelle Rekrutierungszentrum, Parkplätze beim Bahnhof oder direkt beim Tiergarten.

Verpflegung. In Mels und Plons.

TIERGARTEN

Der Tiergartenhügel oder Tierhag ist einst um vieles grösser gewesen als heute. Als roter Inselberg hat er aus dem Wasser des damals um einiges längeren Walensees und der Seez geragt. Vieles weist darauf hin, dass der Ahnenberg und heilige Berg der Göttin Verena als Kraft- und Kultberg genutzt worden ist.

Auch der Tiergarten ist in der Vorstellung der früheren Menschen ein hohler Berg gewesen, in dessen Innerem die Verstorbenen schlafend warten, bis sie von einer gebärfähigen Frau ihrer Sippe wieder ins Leben aufgenommen werden. Erst das frühe Christentum schafft die Wiedergeburtslehre ab, die besagt, dass der Mensch, ähnlich der Pflanze im Winter, sich im Alter ins Jenseitsparadies zurückziehe und im Frühling wieder zum Leben erwache.

Die Frauen sitzen auf den Berg, rutschen über den Stein oder baden in der Quelle, um die Seele aufzunehmen.

Göttin Verena

Die alten Völker verehren ihre Gottheiten in der Natur. Sie finden sie etwa im grossen Baum, in der Quelle, im grossen Stein. Die matriarchalen Kulturen verehren zudem die grosse Urmutter. In vorchristlicher Zeit kennt man den Tiergartenhügel als den heiligen Berg der Urmutter bzw. der Fruchtbarkeitsgöttin Verena. Als Venus- oder Frau Verenas Berg verkörpert der eindrucksvolle rote Berg den Leib der Göttin. Bei den

Der ehemalige Inselberg ist heute viel kleiner und bewaldet.

TANNHUSER UND DER ZIEGENHIRT

Ein Knabe hütete auf dem Tiergarten die Ziegen, als er an einem Felsen eine Türe erblickte. Er öffnete sie und sah einen herrlichen Saal mit einem grossen, runden Tisch, um den mehrere Herren sassen und schliefen. Einer davon trug einen langen, schneeweissen Bart, der um den Tisch herumgewachsen war. Die Männer fragten den Knaben, wie weit die Zeit vorgeschritten sei. Der Geissbub aber rannte davon und konnte später diese Türe nie mehr finden.[15]

Der Tiergarten als Ahnenberg

Die Schlafenden werden wieder in ihre alte Sippe hineingeboren. Aus diesem Grund hat man die Kinder immer wieder auf dieselben alten Namen getauft, man wusste ja, dass das Baby in Wahrheit der Grossvater ist.

Wer sich ebenfalls in der Höhle befindet, ist der sogenannte Jahreskönig, der männliche Begleiter und Befruchter der Göttin.

Mels Tiergarten

16

grossen, felsartigen Steinen auf dem Tierhag handelt es sich um ehemalige Kultsteine. Sie stehen für die Göttin, die sich mit dem Jahreskönig vereint, um die Fruchtbarkeit von Mensch, Tier und Pflanzen zu garantieren. Die liegende Steinfläche wird an Mittsommer zu Sonnenaufgang teilweise von einem länglichen Schatten bedeckt, der von einem Baum, einem Steinturm etc. stammen kann. Der Akt symbolisiert die Vereinigung. In anderen Kulturen vollziehen Priesterin und Priester, stellvertretend für Göttin und Jahreskönig, die heilige Hochzeit.

Die Steine sind von positiver, lebensförderlicher Energiequalität und von hoher Strahlungsintensität. Stellen Sie sich darauf und spüren Sie in sich hinein.

Die Göttin vom Tiergarten ist die Göttin Verena. Zu dieser Zeit ist sie noch nicht getauft und auch noch keine Heilige. Mit der Verenaschlucht bei Solothurn, dem Türlersee, dem Vrenelisgärtli im Glarnerland und der ehemaligen Limmatinsel in Zürich (der heutigen Wasserkirche) sind einige der geweihten Orte genannt, an denen sie verehrt worden ist.

Tannhäuser

Beim Jahreskönig handelt es sich um den Minnesänger Tannhäuser. Seine Benennung weist auf den mittelalterlichen Ritter hin, inhaltlich ist er aber der Begleiter der Göttin. Er ist Poet und lässt sich durch die Göttin und das zügellose Leben auf dem Venusberg verführen. Sieben Jahre bleibt Tannhäu-

Heilige Steine auf dem Steinkultplatz Tierhag.

TANNHUSER UND DER ZIEGENHIRT

Die geheimnisvolle Musik auf dem Tiergarten rührt vom Anschlagen eines leichten Windes an den zerklüfteten Felsen auf der Westseite des Hügels in Verbindung etwa mit dem fernen Rauschen der Wasserfälle vom Meilen- oder Sarbache her und ergibt eine liebliche und deutlich vernehmbare Musik wie von einer Orgel oder Äolsharfe. Früher haben auch oft Zigeunerbanden unter den überhängenden Felsen am Fusse des Hügels gelagert und ganze Nächte hindurch Musik und Tanz gehalten.[15]

Welches Geheimnis ist um die Musik?

Die Bevölkerung von Mels weiss um die Musik auf dem Tiergartenhügel. Obwohl sie natürlichen Ursprungs ist, bleibt sie doch geheimnisvoll und entspringt am Ende übernatürlicher Vorkommnisse.

ser, dann bereut er seinen Lebenswandel, erlangt beim Papst die Absolution aber nicht und kehrt auf den Venusberg zurück. Das Tiergätslied wird in der Region um Mels bis anfangs 19. Jahrhundert gesungen.

Tannhäuser kehrt zur Göttin zurück, wo er ursprünglich, gemäss der Wiedergeburtslehre, auf sein neues Leben wartet. Im Lied schläft er so lange, bis Gott ihn weckt, also so lange, bis er erlöst wird und ins christliche Paradies eingehen kann.

Steinkultplatz

Der Tiergarten mit seinem roten Verrucano-Gestein ist wie geschaffen für einen Steinkultplatz. Es gibt mehrere Steinstätten, teilweise mit ausgebrochenen Schalen oder Becken, teilweise sind sie moosbewachsen und mit Erde bedeckt. Der eine der grossen Kultsteine besitzt zwei Becken, meist gefüllt mit von Eichenlaub dunkelbraun gefärbtem Regenwasser. Etwas unterhalb des unteren Beckens

Kultstein mit neutraler Zone im Kreisinneren.

RITTER TANNHUSER

Derjenige, der Tannhäuser erlöst, wird Besitzer der goldenen Kette, die den Tiergarten umspannt, und des goldenen Kegelspiels, das auf dem Berg verborgen ist.[15]

Hinweis auf einen Kultplatz

Sagen mit einem goldenen Kegelspiel kommen fast im gesamten deutschsprachigen Raum vor. Oft ist es als Schatz gedeutet und gesucht, aber nie gefunden worden. Das goldene Kegelspiel bezeichnet keinen Schatz, vielmehr dürfte es auf vorchristliche Kultspiele hinweisen, die, durch die Sage belegt, wahrscheinlich auch auf dem Tiergartenhügel stattgefunden haben.

ist ein Kreis mit einem Kreuzzeichen eingeritzt, das die Ränder nicht berührt. An der Stelle des Zeichens ist der Energiefluss weitgehend aufgehoben, sodass Sie hier eine neutrale Zone vorfinden. Rundherum lassen sich hingegen überdurchschnittliche Werte beobachten. Beide Becken weisen am Rand Rillen auf; das hintere macht den Anschein, als ob die Arbeit nicht beendet worden wäre, da nur ein Teil ausgeschlagen ist. Im dunklen Wasser spiegeln sich der Himmel und das Laub der Bäume. Ein solcher natürlicher Spiegel liesse sich auch heute noch als magischer Spiegel verwenden. Aus energetischer Sicht macht die neutrale Zone als Standort des Priesters, der Priesterin, des Schamanen, welche in den Spiegel blicken, durchaus Sinn – sie sind frei von den starken und daher möglicherweise beeinträchtigenden Kräften der Felsen und können sich ganz in das Wahrnehmen feinstofflicher Wirklichkeiten hineingeben.

Dass der Kreis in Zusammenhang mit der Vereinigung der Göttin Verena und dem Jahreskönig Tannhäuser steht, indem er den Ort des Schattenwurfs festlegt, ist eine Möglichkeit. Jede Generation nutzt dieselben, altüberlieferten Kultplätze, passt aber die Vorstellungen und Riten ihrem Bewusstsein und ihren Bedürfnissen an. Vor allem der Übergang von der matriarchalen zur patriarchalen Kultur bringt Veränderungen

Kultstein mit Wasserschalen, die obere, nicht fertig ausgebrochene, ist hier beinahe trocken.

mit sich, die sich auch auf die Kulthandlungen auswirken. Es ist durchaus vorstellbar, dass der Kreuzkreis erst dann entsteht und in den Ritus eingebaut wird.

Die energetischen Werte im unteren Bereich des linken Steins deuten auf das Zelebrieren der Anderswelt hin, möglicherweise auch mit Menschenopfern, indem diese beispielsweise über die Wand hinaus gesprungen oder gestürzt worden sind. Auch dieser Ritus, sollte er hier stattgefunden haben, gehört in die Übergangszeit vom Matriarchat zum Patriarchat.

TANNHUSER- ODER TIERGÄTSLIED

«Tannhuser war ein wundriger Knab,
Gross Wunder geht er ge schauen;
Er geht wohl auf der Frau Vienus Berg
Zu denen drei schönen Jungfrauen. (...)»

Er bleibt sieben Jahre bei den drei schönen Frauen auf dem Tiergartenhügel und geniesst ein zügelloses Leben. Vor dem Papst, vor dem er beichtet, findet er keine Gnade, und kehrt auf den Tiergarten zurück. Hier will er bleiben, bis Gott ihn abberuft.[15]

Christianisierte Vorstellungen

Die Verena-Tannhäuser-Thematik liegt hier in ihrer christianisierten Version vor. Die vorchristliche, Leben spendende Göttin wird zur Verführerin und der Jahreskönig Tannhäuser zum reuigen Sünder uminterpretiert. Auf diese Weise versucht man, den alten Kult, der im Volkswissen verankert ist, zu entwerten, um die neue christliche Lehre zu stärken.

Verena erscheint im Lied als drei Jungfrauen, als die drei vorchristlichen Bethen beziehungsweise die drei christlichen Marien oder Nothelferinnen. Mit der Strophe «Am Sonntag sind's Ottern und Schlangen» wird auf die Drachenschlange, das Symboltier der Göttin, angespielt.

Gehören Sie zu denjenigen, die es immer wieder zum Mühlstein zieht ...

Nehmen Sie Verbindung auf

Finden Sie einen Platz, auf dem Sie ganz entspannt stehen können. Stellen Sie sich eine Frage, die Sie womöglich schon lange beschäftigt. Vielleicht gelingt es Ihnen, Verbindung mit den uralten Energien aufzunehmen und Ihrer Antwort ein Stück näher zu kommen. Die Göttin Verena soll den Menschen Weisheit für das Fällen von Entscheidungen schenken. Versuchen Sie es. Bitte verhalten Sie sich an einem Kraftort so respektvoll wie in einer Kirche. Stellen Sie sich danach in den Kreis und schauen Sie aufs Wasser in der Schale. Wenn Sie sich vorstellen, Sie hätten als Schamane die Aufgabe, in Trance den Spiegel zu lesen, wäre Ihnen das möglich?

Mühlstein-Experiment

Unweit des Steinheiligtums treffen Sie auf einen unfertigen Mühlstein und eine Steinplatte. Die beiden Steine eignen sich für eine kleines Experiment. Schauen Sie sich die beiden Steine an. Zu welchem zieht es Sie hin? Stellen Sie sich auf Ihren Favoriten und bleiben Sie ruhig und locker stehen. Was spüren Sie?

... oder bevorzugen Sie die Steinplatte?

Nun stellen Sie sich auf den anderen Stein. Was spüren Sie jetzt? Fühlt es sich leichter oder schwerer, heller oder dunkler, wärmer oder kälter an. Wechseln Sie die Steine mindestens drei Mal und versuchen Sie, Ihre Wahrnehmungen und Empfindungen in Worte zu fassen.

Interessant ist der Umstand, dass diese Empfindungen individuell sind – dem einen ist es auf dem einen, dem anderen auf dem anderen Stein wohler. Für den Alltag können Sie folgende Erkenntnis mitnehmen: Halten Sie sich möglichst an Orten auf, an denen es Ihnen wohl ist. Meiden Sie die anderen Plätze. Hören Sie auf Ihren Körper, er signalisiert Ihnen zuverlässig, welche Orte Ihnen zuträglich sind.

Wer Postkartenidylle sucht, ist im Bergdorf Weisstannen richtig.

Weisstannental

Lassen Sie bei Mels das Hauptal hinter sich, kommen Sie in eine andere Welt. Hier eilt die Zeit noch nicht, vom idyllischen Örtlein Weisstannen geht es nur zu Fuss weiter. Die Welt scheint noch in Ordnung zu sein. Fels und Wasser, saftige Weiden und Bäume bis hoch hinauf prägen die Landschaft.

Dem Gufelbach entlang gehen Sie ab Weisstannen Oberdorf leicht bergan in den Wald und über Weiden Richtung Batöni. Laden Sie sich beim Doppelstein auf. Der Weg weicht einer Rutschstelle aus und führt auf- und auch gelegentlich wieder abwärts. Um einige Kehren kommen Sie zur beeindruckenden Wasserfall-Arena mit ihren drei gewaltigen Fällen, die Sie von Weitem oder von Nahem bewundern und erkunden können. Einen guten Rastplatz bietet der fast quadratische Felsblock in der Talmitte. Sie gehen denselben Weg zurück, auf dem Sie nun wieder andere Eindrücke gewinnen und andere Beobachtungen machen.

Gafarrabüel nur für Schwindelfreie

Sind Sie trittsicher, erfahren in steilem, unwegsamem Gelände, Schwierigkeitsgrad T4, steigen Sie nach Oberlavtina auf und gehen Richtung Alp Stoffel, Jägerichopf und Heugrat zur Alp Gafarrabüel. Zwischendurch müssen Sie den Weg suchen und Stellen umgehen. Dafür werden Sie mit einer grandiosen Aussicht und den überwältigenden Energien des sagenumwobenen Hexentanzplatzes entschädigt.

Orte des Staunens am Wanderweg

17. Doppelstein
18. Wasserfall-Arena Batöni
19. Dorflinde
20. Gafarrabüel

Weisstannental und Umgebung

14. Alte Dorfsäge Weisstannen

Weisstannen-Oberdorf–Weisstannen-Oberdorf
8 km Distanz, 532 Höhenmeter, 3,5 Std. Gehzeit, Anforderung: T2;
Variante via Gafarra:
31 km Distanz, 1550 Höhenmeter, 8 Std. Gehzeit, Anforderung: T4

Anreise. Mit dem Zug nach Sargans oder Mels, weiter mit dem Bus nach Weisstannen, Haltestelle Weisstannen Oberdorf, Parkplätze im Oberdorf.

Verpflegung. In Weisstannen.

Wie ein steinernes Ginkgoblatt bilden die beiden Blöcke eine Einheit.

⊕ ▲ ▼ DOPPELSTEIN

Wie ein mächtiger Doppelstein wirken die zwei grossen Blöcke, die weit oben in der abfallenden Wiese thronen. Der Aufstieg über die Weide mag Ihnen lang erscheinen, aber die Steine ziehen Sie regelrecht an mit ihrer kantigen Oberfläche. Wie von Riesenhänden hingeworfen und liegen gelassen, erwarten sie Sie.

Sie stehen so nahe beieinander, dass sie die Erinnerung an Goethes Betrachtungen über das Ginkgoblatt wachrufen: «Ist es Ein lebendig Wesen, / Das sich in sich selbst getrennt? / Sind es zwei, die sich erlesen / Dass man sie als Eines kennt?» Die Energien der Steine sind ausserordentlich hoch, aber nicht nur aufbauend. Die Qualitäten der Kräfte entsprechen Kultplatzenergien. Es ist zu bezweifeln, dass der Ort kultisch genutzt worden ist. Die steile Lage prädestiniert ihn nicht für die Ausführung von Riten, energetisch würde er sich aber wunderbar dazu eignen. Die Hufspuren der Kühe zeigen, dass sich diese gerne um und zwischen den Steinen aufhalten, was bei nassem Untergrund Ort und Wegen einen etwas unwegsamen Akzent verleiht. Stellen Sie sich trotzdem zwischen die Steine. Spüren Sie die Energie?

Frühe Siedler
Die Wildheit des Weisstannentals hat die Menschen offenbar schon seit jeher fasziniert. Funde aus der Bronzezeit wie das Griffangelschwert auf der Alp Walabütz belegen eine frühe Besiedlung der Talschaft. Viele Flur- und Wassernamen sind romanischen Ursprungs, später siedeln hier Walser. Ein deutscher Flurname, die Klosteralp, lässt aufhorchen. Dem Da-

menstift in Schänis gehören schon früh mehrere Alpen. Zum Quellgebiet der Seez führt von Schänis her ein alter Prozessionsweg. Dieser ist durch Sagen belegt, die in ihren frühen Schichten auf vorchristliche Fruchtbarkeitsriten in der Gegend verweisen.

Das Bergdorf Weisstannen ist auch ein idealer Ausgangspunkt für eine Wanderung in das UNESCO-Welterbe Tektonikarena Sardona. An keinem anderen Ort auf der Welt ist die Entstehung der Gebirge besser ersichtlich als hier. Selten zeigt sich die Glarner Hauptüberschiebung so deutlich im Gelände wie auf der Ost- und auf der Südseite des Foostocks, welcher von Weisstannen aus in gut sechs Stunden erreicht werden kann.

Auf Schritt und Tritt faszinieren auf einer Wanderung im Weisstannental die grossen Steinbrocken, die auf den Bergflanken und im Hochtal liegen. Die Schichtung des Schiefergesteins verleiht Bergen und Bächen ein ganz besonderes Aussehen. Beobachten Sie den Schichtverlauf.

WASSERFALL-ARENA BATÖNI

Um einige malerische Felsecken, dem sprudelnden Bach entlang, nähern Sie sich den Wasserfällen. Von links nach rechts haben Sie den Piltschinabachfall, den Sässbachfall und den Muttenbachfall vor sich, welche dieser Reihenfolge nach eine Höhe von 81, 86 und 45 Metern aufweisen.

Etwas oberhalb des Zusammenflusses der drei Bäche mündet der Lavtinabach in den Piltschinabach und etwas weiter unter der Guetentalbach in den Gufelbach. Sie befinden sich an einem fünfarmigen Wasser-Kraftort, der zu einer imposanten Felsarena abgetragen worden ist. Der Anblick ist überwältigend, die Energien hoch und aufbauend. Am Fusse von Wasserfällen finden sich Orte von grosser aufladender Kraft. Es ist nicht nötig, dass Sie näher an die Wasser gehen, durch die Vielzahl der Fälle stehen Sie in deren Zusammenfluss in einer wahrhaft aufgeladenen Arena. Jemand hat ein grosses, stabiles Steinmannli gebaut, vielleicht beginnen Sie mit einem weiteren? Suchen Sie sich einen guten Platz zum Picknicken oder zum Beobachten und Verweilen. Es tut gut, hier zu sein, vom Bach zu trinken, die starken, aufbauenden Energien aufzunehmen, sich ganz einfach vom Ort bezaubern zu lassen.

Die Wasserfall-Arena ist eines der eindrücklichsten Geotope im Weisstannental.

Die Linde als Weltenbaum.

DORFLINDE

Gehen Sie durchs Dorf, schauen Sie sich die solide gebauten Holzhäuser an. Schon bald treffen Sie rechter Hand auf eine mächtige Linde von fast zwei Metern Durchmesser. Sie ist ein wunderbarer Ort der Kraft. Sie können sich mit dem Rücken an den Baum lehnen und Kräfte aufnehmen.

Die gesunde, aufbauende Kraft der Linde ist wohltuend. Gehen Sie um den grossen Baum herum, betrachten und befühlen Sie ihn. Gehen Sie auf Tuchfühlung und geniessen Sie den Kraftzuwachs.

Weltenbaum

Solch mächtige Bäume wie die Linde zu Weisstannen sind in unseren Breitengraden selten geworden. Wenn Sie vor ihr stehen, fällt es Ihnen leicht, sich den Weltenbaum vorzustellen, das alte Symbol für die kosmische Ordnung. Als axis mundi, als Weltachse, steht er im Zentrum der Welt, wobei seine Wurzeln bis tief in die Erde, in die Unterwelt hinunterreichen und die Baumkrone den Himmel trägt, Oben und Unten, Vergangenheit und Zukunft miteinander verbindend.

Im Alten Testament lässt Gott den Baum der Erkenntnis von Gut und Böse in der Mitte des Gartens Eden wachsen. Der Mensch darf keine der Früchte kosten, da sie, Vergangenes und Künftiges, Himmel und Hölle miteinander verbindend, die Realität, das Jetzt ausmachen und den Menschen in Raum und Zeit versetzten und sterblich werden liessen.

⊕▲▼ GAFARRABÜEL

Der romanische Name lässt darauf schliessen, dass die Alp in vorchristlicher Zeit bekannt gewesen und genutzt worden ist. Auf einer ebenen Fläche oberhalb der Alphütte liegt der alte, sagenumwobene Hexentanzplatz.

Hier sollen sich Hexen, Talbewohner und, wie aus Prozessakten hervorgeht, auch die adligen Stiftsdamen vom karolingischen Damenstift Schänis versammelt und fröhliche Feste gefeiert haben.[16]

Hier, an diesem wunderbar kräftigen Ort hoch über dem Bergtal, sind die wichtigen Jahreszeitenfeste gefeiert worden. Stellen Sie sich auf das Bödeli und suchen Sie die kräftige Ausstrahlung des Ortes. Entspannen Sie sich, gehen Sie in sich, werden Sie eins mit dem Ort, aber versuchen Sie nichts zu erzwingen. Gestärkt von den intensiv aufbauenden Energien nehmen Sie den steilen Abstieg in Angriff.

DER HEXENTANZ AUF DEM GAFARRABÜHL

Ein Hirt und Jäger wollte auf Gafarrabühl ein Füchslein schiessen, aber es entkam. Im Strauche hing noch ein Stück seidene Schnur, im Gras ein goldener Fingerring, den er an sich nahm.

Später, im französischen Militärdienst, traf er eine schöne Wirtstochter, die ihn um den Ring bat. Als er ihn nicht hergeben mochte, erzählte sie, ihn auf Gafarra an einer Hexenversammlung verloren zu haben. Sie hätte der Gesellschaft nicht beitreten wollen, sei in einen Fuchs verwandelt worden und habe den Ring verloren. Daraufhin gab er ihr den Ring zurück und befand sich mit ihrer Hilfe am nächsten Morgen wieder zu Hause in Mels.[15]

Die Ringgabe verweist auf die Fruchtbarkeitsgöttin
Die Personen, zwischen denen die Sage spielt, sind eine Frau und ein Mann. Sie ist Hexentochter, Füchslein, Hexe und Wirtstochter, er Schafhirt, Wildschütze und Tambour. Damit sind die Prädikate der Fruchtbarkeitsgöttin und ihres Begleiters oder Jahreskönigs genannt. Das zentrale Moment der Handlung ist das An-sich-Nehmen und Zurückgeben des goldenen Fingerrings. Dieser Vorgang deckt sich mit der Initiation des Jahreskönigs, die symbolisch durch die Ringgabe vollzogen worden ist. Damit beleuchtet die älteste Schicht der Legende die vorchristliche Nutzung des Hexentanzplatzes als eine kultische.

GAFARÄ

Der grösste Hexentanzplatz soll der Gafarrabüel gewesen sein, auf dem ganze Nächte durchgetanzt worden und immer wieder die feinsten Damenschuhe im zertretenen Grase zurückgeblieben sind. Während der Mailänder-Kriege wurde ein Melser Soldat in Mailand mit Namen von einer noblen Dame angesprochen. Ob er den Gafarrabüel, wo sie ihre lustigste Nacht erlebt habe, auch kenne, wurde er von ihr gefragt und dabei so kurios angeschaut, dass er Hühnerhaut bekommen und schnell verschwunden war.[15]

Mit zertanzten Schuhen auf dem Kultplatz

Die Sage ist ähnlich aufgebaut wie die erste. Anstelle der Ringgabe steht jedoch der kuriose Blick der schönen Dame, was dem Soldaten eine solche Hühnerhaut beschert, dass er flüchtet. Er ist Soldat, nicht Hirte oder Jäger, und eignet sich nicht zum Jahreskönig, eine Initiation findet nicht statt, die Fruchtbarkeitsgöttin, hier als schönes Frauenzimmer dargestellt, wird sich nochmals nach einem geeigneten Partner umsehen müssen. Die Sage erzählt von den zertanzten Schuhen der feiernden Hexen auf Gafarabüel. Ursprünglich sind es die Schuhe der Schamaninnen, die als kultische Handlung mit wilden Tänzen das Durchschreiten der Zeitenfolge symbolisch vollziehen.

Auf dem Gafarrabüel – hier rechts im Bild deutlich als ebenes Plateau gleich unter der markanten Gratlinie erkennbar – soll es gar schauerlich zu und her gegangen sein.

Sagen und Legenden über Plätze, an denen sich Hexen zum Tanze treffen, findet man im ganzen Alpenraum vor. Jene vom Gafarrabüel gehört zu den bekanntesten und ist auch heute noch vielen Einheimischen ein Begriff.

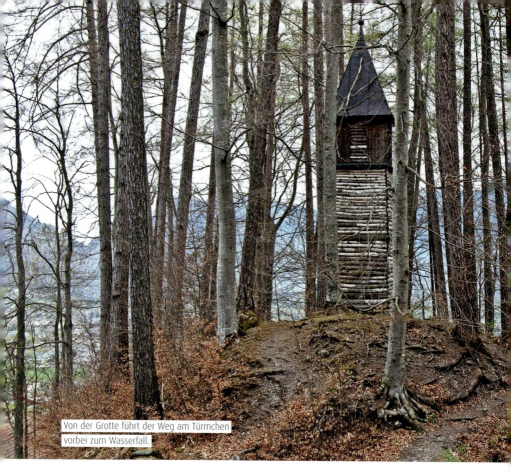
Von der Grotte führt der Weg am Türmchen vorbei zum Wasserfall.

Wangs

Zu Ehren des bekannten Wangser Kräuterpfarrers und Naturarztes ist im Jahre 2006 durch den Pfarrer-Künzle-Verein ein Themenrundweg eröffnet worden, der zu teilweise kräftigen, mythischen Plätzen führt.

Oberhalb der St.-Antonius-Kirche beginnt dieser am Dorfrand in der Rüti. Dem Bach entlang führt er zur Tüfels Chuchi, einer kleinen, auffälligen Höhle. Die Pfarrer-Künzle-Grotte erreichen Sie über einen Kreuzweg mit eher schweren Energien. Machen Sie auf dem Platz vor der Grotte einen kurzen Halt, bevor Sie am Türmlein vorbei auf einem schmalen Weglein zum Wasserfall gehen.

Über den Bach spannt sich eine schmucke, gedeckte Holzbrücke, eine Art Miniatur-Kapellbrücke. Bleiben Sie in der Mitte der Brücke stehen. Was empfinden Sie? Nun bringt Sie der Weg um die Felsen herum zum Waldrand, dem Sie nach oben, am Rande der Wiese, folgen. Im oberen Drittel der Weide sehen Sie den Sternstein, auf den Sie sich, ohne vor- und nachher das Gras zu strapazieren, stellen sollten. Er markiert den Höhepunkt der Rundwanderung. Nehmen Sie die wunderbaren Energien auf und folgen Sie gestärkt dem Pfarrer-Künzle-Weg via Rappagugg, alte Mühle, Vilters und Kiesfang zurück nach Wangs. Er bietet Ihnen noch manchen idyllischen Ort des Staunens. Entspannen und ausruhen können Sie sich am Ende der Rundwanderung in der St.-Antonius-Kirche, deren Kräfte nicht besonders stark aber aufbauend und gesund sind. Auf dem Friedhof finden Sie das Grabmal von Pfarrer Künzle.

Orte des Staunens am Wanderweg

21. Tüfels Chuchi
22. Pfarrer-Künzle-Grotte
23. Wasserfall Grossbach
24. Sternstein
25. Kirche Wangs

Wangs und Umgebung

15. Waldlehrpfad Wangs
16. Saarfall

Wangs Rathaus–Wangs Rathaus
6,1 km Distanz, 176 Höhenmeter, 2,75 Std. Gehzeit, Anforderung: T1/T2

Anreise. Mit dem Zug nach Sargans, weiter mit dem Bus nach Wangs, Haltestelle Post, Parkplätze beim Rathaus Wangs.

Verpflegung. In Wangs und Vilters.

TÜFELS CHUCHI

Sie stehen vor einer geologisch interessanten Höhle im Kleinformat, moosbewachsen, tropfend, wasserspendend öffnet sich der Fels. Energetisch gesehen handelt es sich bei der Tüfels Chuchi um einen Ort der Kraft. Der Name lässt aufhorchen, wird hier doch ein gesunder Ort verteufelt.

Die Dämonisierung weist auf eine frühe Nutzung hin. Wäre er kultisch gesehen wichtiger gewesen, würde Sie an dieser Stelle eine kleine Waldkapelle begrüssen. Besonders wichtige heidnische Plätze sind christianisiert und weniger wichtige verteufelt worden. Die christianisierten Orte haben ihre Bedeutung gewechselt und an die neuen Normen angepasst.

Beachten Sie beim Weitergehen den Bach
Bemerkenswert sind die gut sichtbaren Verwirbelungen des Wassers im Grossbach sowie die entstandenen Wannen im weichen Stein. Halten Sie auf der ersten Brücke an und versuchen Sie, die tiefen Töne aus dem Rauschen herauszufiltern.

Beim Weitergehen treffen Sie schon bald auf einen Kreuzweg, der Ihnen die nahende Pfarrer-Künzle-Grotte anzeigt. Bestimmt ist Ihnen aufgefallen, dass die Kreuzweg-Energie keine leichte ist. Bewusst oder automatisch dem Gegenstand entsprechend gewählt, geht es sich ein bisschen mühsam, was praktisch für jeden Kreuzweg zutrifft.

Die verteufelten Plätze sind zu Unorten und damit inexistent geworden.

Maria und Jesus im Schmerze vereint.

▼ PFARRER-KÜNZLE-GROTTE

Auf Anordnung des Ortspfarrers Künzle ist 1912/13 auf dem Buchholz eine Grotte als Gebetsstätte bei Tierseuchen errichtet worden. Die Grotte empfängt Sie mit einer Pietà, einem Kruzifix auf dem Grottenhügel sowie einem Glockentürmchen gleich dahinter und konfrontiert Sie mit tiefen Energien.

Nebst Sebastian Kneipp ist Johann Künzle (1857–1945), Pfarrer, Publizist und Unternehmer, wohl der bekannteste Kräuterpfarrer und Förderer der Alternativmedizin. Johann besucht die Schule in St. Gallen und im Kloster Einsiedeln. An der Universität Leuven in Belgien studiert er Theologie und Philosophie. Es folgt die Priesterweihe mit anschliessender Pfarrtätigkeit in der Ostschweiz. Künzle kämpft 1884 während des Kulturkampfes für die Beibehaltung katholischer Schulen und Institutionen. 1909 bis 1920 amtet er als Pfarrer in Wangs. Als Publizist ist er unter anderem Herausgeber der beliebten Volkskalender sowie der Monatszeitschrift «Salvia». Er verfasst

Grundlagenwerke der Kräuterheilkunde wie etwa «Das Grosse Kräuterheilbuch». Darüber hinaus zieht er einen Kräuterhandel auf, hält Vorträge, organisiert den legendären Wangser Kräutermarkt und fördert den örtlichen Kurtourismus. Für seine Verdienste während der Spanischen Grippe im Jahre 1918 erhält er das Ehrenbürgerrecht von Wangs. 1920 wird er wegen seiner medizinischen Ansichten durch den Bischof nach Zizers zwangsversetzt, wo er jedoch weiterhin mit Erfolg als Naturarzt arbeitet. Die Grabstätte des 1945 verstorbenen Kräuterpfarrers befindet sich auf dem Friedhof in Wangs.[20]

Dank Pfarrer Künzle haben die Wangser der Spanischen Grippe getrotzt.

Grotten haben Künzle schon immer fasziniert

Wahrscheinlich entsprechen die vorherrschenden Kräfte nicht Ihren Erwartungen an eine Grotte. Lesen Sie die Worte Jesu: «Ihr alle, die Ihr vorübergeht, seht zu, ob ein Schmerz gleich sei meinem Schmerze.» Der Ort steht auch energetisch gesehen in Resonanz zu Schmerz. Ihm hat Pfarrer Künzles Aufmerksamkeit gegolten. Auf der Kanzel, im persönlichen Gespräch und vor allem auch mit Hilfe von Kräutern hat er ihn gar oft behandelt und immer wieder besiegt. Der Grottenhügel, einladend mit Holzbänken zu einem Ort des Verweilens, der Einkehr und des Gebets gestaltet, ist auf Dauer kein gesunder Ort. Halten Sie sich nicht zu lange hier auf.

Bereits während seiner Pfarrzeit in der Ostschweiz hat er 1887 im sankt-gallischen Libingen im Schupfen eine Lourdes-Grotte errichtet. Auf Ihrem Rundgang stossen Sie auf eine zweite, etwas kleinere Mariengrotte, die im Garten von Pfarrer Künzles Haus in Zizers gestanden hat. Freiwillige Helfer haben sie vor dem Abbruch bewahrt und in Wangs in aufwändiger Arbeit wieder aufgebaut. Am 25. Mai 2008 ist sie durch Pfarrer Felix Büchi feierlich eingeweiht worden.

Das Unterdach ist mit dreieckigen Bildtafeln ausgeschmückt.

WASSERFALL GROSSBACH

Der Grossbach fällt durch die Tobelbildung des Untergrundes über die bemooste Felswand. Wie ein feiner Vorhang gleitet er kaskadenartig in die Tiefe und erinnert an geheimnisvolle Nymphen und Wassergeister.

Wie am Fusse eines jeden Wasserfalls werden beim Fall des Grossbachs im Wangser Tobel starke Energien freigesetzt. Besonders beeindruckend ist das tosende Wasser nach starken Regenfällen. Dann bilden sich neben dem eigentlichen Wasserfall spontan kleinere Fälle, welche sich die steile Tobelwand hinunterstürzen oder -schlängeln. Hier können Sie sich aufladen, die Kräfte sind aufbauend und bekömmlich. Dafür müssen Sie sich nicht zu nahe ans Wasser wagen. Atmen Sie die frische Luft, gesättigt mit negativen Ionen, tief ein, stehen Sie entspannt und gehen Sie für einen Moment in sich. Ihre Vitalität steigt, spüren Sie es?

Bei Regen bilden sich weitere Wasserfälle.

Was Goethe angesichts des Staubbachs bei Lauterbrunnen gedichtet hat, sehen Sie auch hier, beim bescheideneren Grossbachfall, vor sich: «Des Menschen Seele / Gleicht dem Wasser: / Vom Himmel kommt es, / Zum Himmel geht es, / und wieder nieder / Zur Erde muss es, / Ewig wechselnd.»

Die Seele des Menschen vergleicht er mit dem Wasser, wobei er als tertium comparationis den ewigen Wechsel zwischen Himmel und Erde findet und sich damit im Rahmen des Pantheismus in der Nähe vorchristlicher Vorstellungen bewegt.

Geheimnis- und kraftvoller Sternstein.

 STERNSTEIN

Das energetische und geschichtliche Highlight dieser Kraftortwanderung ist der mystische Sternstein, dessen Energien ausserordentlich hoch sind, dessen Geschichte aber noch immer im Dunkeln liegt. Hier können Sie sich aufladen, eins werden mit sich und der Welt, hineinhören in Ort und Zeit.

Aus dem Wald tretend fällt Ihnen rechter Hand der grosse, gerillte Steinblock in der Wiese auf, der sogenannte Sternstein. Er gibt schweigend Zeugnis ab von versunkenen Zeiten. Wofür er gebraucht worden ist, wissen wir nicht mit Sicherheit. Seine Rillen scheinen in Bezug zur Umgebung zu stehen. Es fällt ein bearbeiteter, in der Mitte erhöhter Kreis mit vier gleichmässig hergestellten Rillen auf. Dort, wo die konvexen Rillen in die konkave übergehen, scheint eine Linie nach unten über die Spitze zu verlaufen. Treten Sie hinter den Stein und beobachten Sie die gegenüberliegenden Berge. Wie passt er in dieses Bild?

Wie der Stein wohl genutzt worden ist?
Es gibt verschiedene Nutzungsmöglichkeiten. Die Vorchristen mögen ihn verwendet haben, um die Tages- und Jahreszeiten zu bestimmen, für kultische Zwecke, als GPS etc. Eine eindeutige Zuweisung seiner Verwendungsart ist schwierig. Ob der Stein wohl als solcher oder als Teil eines grösseren Ganzen von Bedeutung gewesen ist? Energetisch gesehen gibt er uns mit seiner starken Strahlung und den hohen auf- und abbauenden Werten Hinweise auf eine mögliche kultische Nutzung. Stehen Sie auf den Stein, suchen Sie sich Ihren Platz und entspannen Sie sich. Mit Blick auf die Bergspitzen ist es einfach, die örtlichen Kräfte auf- und anzunehmen. Es handelt sich hier um einen ganz speziellen Ort.

KIRCHE WANGS

Das Innere der Pfarrkirche St. Antonius überrascht mit Licht und Farbe. Die Lichtfülle, die je nach Tageszeit und Sonneneinfall ihre Farbigkeit und Intensität ändert, erfasst Raum und Betrachter gleichermassen und symbolisiert den Geist Gottes. Gottes Geist ist höchste Lebendigkeit, zu sehen im wechselnden Licht.

Erbaut worden ist die Wangser Dorfkirche zwischen 1880 und 1882 im neuromanischen und neugotischen Stil. Sie ersetzte die 1880 abgebrochene St.-Lucius-Kapelle, welche etwas westlich der heutigen Kirche gestanden hatte.[4]

Eine Atmosphäre zum Beten und Feiern

Es ist ein stiller und freundlicher Ort des Staunens, der Sie empfängt. Achten Sie auf die Atmosphäre. Die Energien sind aufbauend und angenehm, sie lassen Sie ausruhen und zu sich kommen. Dass Sie im neu errichteten Gotteshaus des 19. Jahrhunderts keinen Ort der Kraft vorfinden, erstaunt nicht. Die eindrückliche, wehrhaft wirkende St.-Lucius-Kapelle hat nicht genau am selben Ort, aber mit grosser Wahrscheinlichkeit auf einem Kraftplatz gestanden. Das alte Wissen hat die neuere Zeit nicht erreicht, Kirchen sind nicht mehr nach energetischen Gegebenheiten ausgerichtet worden.

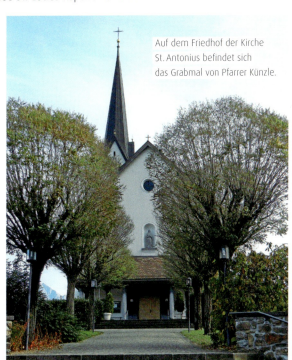

Auf dem Friedhof der Kirche St. Antonius befindet sich das Grabmal von Pfarrer Künzle.

Raum des Wohlbefindens

Da der Baukörper beinahe im Verhältnis des goldenen Schnitts erstellt ist, tragen Raumgefühl, Licht und aufbauende Energien zu Ruhe und Wohlbefinden bei. Achten Sie auch auf die Madonna beim Kirchenausgang. Was spüren Sie hier?

Die frühen Pilger sind vom Tal her aufgestiegen und haben Steine mitgebracht.

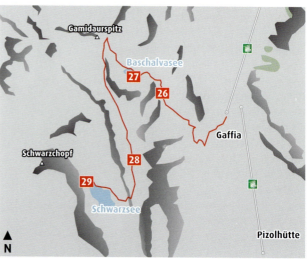

Pizol Gaffia

Auf den Spuren von Kräuterpfarrer Künzle, der freien Walser, mittelalterlicher Wallfahrer und vorchristlicher Kultplatzbesucher erklimmen Sie – im Gegensatz zu Ihren Vorgängern bequem ab Gaffia – den Basegglagrat und gelangen nach einem kurzen Abstieg an den Schwarzsee. Eine Zwei-Seen-Wanderung, die Sie bezaubern wird.

Trotz Steigung gewinnen Sie, der Flanke folgend, schnell an Höhe. Von einem Schritt zum andern befinden Sie sich in einer Art verwunschenem Garten, in welchem Sie sich etwas Zeit lassen sollten. Danach steigen Sie zum Baschalvasee auf, der wie ein Kleinod in der Geröllhalde eingebettet liegt, und gelangen zum Grat und weiter zum Basegglagrat mit den berühmten Steinmanndli. Schon von weit her scheint der Weg nur noch kurz zu sein. Aber auf dem Basegglagrat ist es, als zöge er sich immer wieder in die Länge. Machen Sie einen Test, gehen Sie auf dem Weg. Wie fühlt sich das an? Nun gehen Sie neben dem Weg auf der Wiese, mal links, mal rechts. Wie fühlt es sich hier an? Wo werden Sie weitergehen? Bei den Steinmanndli sollten Sie rasten. Nach einem kurzen Abstieg erreichen Sie den zweiten See, den Schwarzsee, von wo aus Sie auf demselben Weg wieder nach Gaffia absteigen.

Orte des Staunens am Wanderweg

26. Felstürme
27. Baschalvasee
28. Steinmanndli
29. Schwarzsee

Den Rückweg erleben Sie anders als den Hinweg

Wandern Sie die Strecke als Hin- und Rückweg, haben Sie den Vorteil, den Weg auf unterschiedliche Art zu erleben. Durch das Feld der Steinmanndli gehen Sie den Basegglagrat wieder hinunter. Über die Krete gelangen Sie zum grün schimmernden Baschalvasee und durch die Steintürme nach Gaffia. Sie können die Route auch als Teil der klassischen 5-Seen-Wanderung ab der Pizolhütte hinunter nach Gaffia machen.

Pizol Gaffia–Pizol Gaffia
8,6 km Distanz, 709 Höhenmeter, 4,5 Std. Gehzeit, Anforderung: T2

Anreise. Mit der Pizolbahn von Wangs bis Bergstation Gaffia.

Verpflegung. Auf Pizol Furt und Gaffia.

⊕ ▲ ▼ FELSTÜRME

Sind Landschaften beseelt? Der Kunsthistoriker Hans Gerhard Evers, der 1942 die bekannte Rubens-Monografie geschrieben hat, sagt, Rubens habe seine Landschaften gemalt wie jemand, der für die Gesichter und Stimmen, die um ihn seien, keinen anderen Ausweg wisse.[12] Nur schade, hat er die Felstürme nicht gesehen.

Berge sind kraftvolle Orte. Halten Sie inne und betrachten Sie die bizarren Felstürme, die an einen verwunschenen Park oder Garten erinnern. Spüren Sie die räumliche Wirkung, die von den Felsblöcken ausgeht? Wie versteinerte Wesen hocken sie als Hüter des Ortes neben dem Weg. Sind sie Ihnen wohlgesinnt? Was geben sie Ihnen mit auf den Weg? Finden Sie es heraus. Lassen Sie sich Zeit dafür.

Naturkommunikation
Sensible Menschen finden hier Gelegenheit, mit der Natur zu kommunizieren. Beobachten Sie die Felsformationen mit unterschiedlicher Ausstrahlung und Wirkung. Mit dem Spiel des Lichtes erkennen Sie vielleicht Gesichter, tier- oder menschenähnliche Figuren. Der Ort wirkt auch von seinen Energien her dramatisch-temperamentvoll. Sollte eine Legende existieren, die davon erzählt, dass es hier nachts zuweilen nicht bloss stürme, dass vielmehr bei Dunkelheit auch die Stein-, Fels- und Naturwesen lebendig seien, sind wahrscheinlich selbst rationale Menschen bereit, das zu glauben. Achten Sie auf die unterschiedliche Wirkung dieses Ortes, auf ruhigere und dynamischere Passagen auf dem Auf- und Abstieg.

Auf der Wanderung erwarten Sie steinerne Hüter am Wegrand.

Der Baschalvasee – grün wie ein Smaragd.

⊕ BASCHALVASEE

Sie stehen vor dem Grünen unter den Pizolseen. Wie ein grosser, geschliffener Smaragd funkelt und glitzert er zwischen den ungeschliffenen Steinen der Geröllhalde. Sein Grün konkurrenziert sich mit demjenigen der ihn umgebenden Graspolster und spiegelt zuweilen das Blau des Himmels mit – eine Augenweide.

Nachem Sie den Kräftestrudel, in welchen Sie zwischen den Felstürmen geraten sind, hinter sich gelassen haben, finden Sie am Baschalvasee gemässigtere, aber nicht weniger intensive Energien. Allerdings handelt es sich dabei nicht nur um aufbauende Kräfte. Von den vorherrschenden Energiequalitäten her wäre es möglich, hier einen Kultort zu errichten. Ob je einer an diesem Platz bestanden hat, ist jedoch fraglich. Tanken Sie Kraft, Sie werden sie für die Überwindung des Basegglagrates gebrauchen können.

Wie ein gemaltes Bild

Im Sommer weiden hier Kühe und erinnern, im flachen Wasser stehend, an alte Gemälde etwa eines Rudolf Koller. Es ist ein Bild des Friedens, das sich Ihnen präsentiert, ohne böcklinsche Spannung. Auch dieser Ort verändert sich mit der Richtung, aus der Sie kommen.

Der Basegglagrat gehört zu den schönstgelegenen Kultplätzen im Heidiland.

STEINMANNDLI

Auf dem Rossstall, der mit seinen 2456 Metern über Meer den höchsten Punkt der Kraftort-Rundwanderung markiert, werden Sie bereits aus der Ferne von einem Heer von über 50 Steinmanndli begrüsst. In Aussehen, Alter, Grösse und Bauart verschieden, sollte respektvoll mit ihnen umgegangen werden.

Angelangt bei diesen faszinierenden Steinobjekten, deren älteste aus prähistorischer Zeit stammen sollen, geniessen Sie zuerst den fantastischen Ausblick. Oft gleiten brodelnd dicke Wolken- und Nebelfetzen die Felswand hoch und schieben sich vor die Tal- und Bergsicht – ein spannendes Schauspiel, das von einem Meter auf den andern die Atmosphäre verändert. Setzen Sie sich auf dem Rundhügel zwischen den Steintürmen zur Rast und nehmen Sie die vorherrschenden Schwingungen in sich auf.

Alter Kult- und Opferplatz

In früher Zeit hat sich hier ein Kult- und Opferplatz befunden. Vorchristen haben auf ihrem Gang zum Kultplatz einen Stein mitgenommen und ihn beim Heiligtum zu Türmen, Mauern etc. verarbeitet. Grösse und Anzahl der so entstandenen Steinobjekte weisen die Wichtigkeit des Ortes aus. Energetisch betrachtet befinden Sie sich auf einem Kraft- und Kultplatz. Die Energien sind von hoher Intensität, deren Strahlungsqualität auf kultische Handlungen verweist. In christlicher Zeit sind Wallfahrten und Bittgänge auf Baseggla belegt, welches, wohl wegen seiner Höhe, nicht mit einer Kapelle, aber immerhin mit der Setzung dreier Kreuze und mit Namen wie «Kirchlichopf» und «Bei den drei Kreuzen» christianisiert worden ist.¹⁰

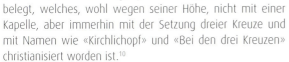
Die Steinmanndli ziehen Jung und Alt in ihren Bann.

Sich einlassen

Flicken Sie mit vorhandenen Steinen wackelige Türme oder bauen Sie aus einem Steinhaufen ein neues Manndli. Arbeiten Sie in Ihrem Rhythmus, es ist eine meditative Arbeit, die Sie näher zum Ort führt. Lassen Sie sich ein auf die vorherrschenden Schwingungen, sie tun Ihnen gut.

Steinmanndli schützt vor bösen Naturgeistern

Einer nordischen Überlieferung gemäss sollte jedermann einen Stein auf ein Steinmanndli legen, um vor Trollen sicher zu sein.³ Das überlieferte Wissen attestiert dem Steinobjekt Kräfte, die den Menschen, der sich mit ihm verbindet, zu schützen vermögen. Sie sind demnach höher als die Energien des Trolls, der dem Menschen nicht immer gut gesinnt ist. Für die höheren Kräfte spricht auch die Form der Objekte, die als Türme die Schwingungen von Erde und Himmel miteinander verbinden. In diesen Kontext gehört auch ihre Wegweiserfunktion. Schon mancher Wanderer hat sich bei Nebel dank gesetzter Steinmanndli orientieren können und den richtigen Weg gefunden. Zudem ist hier noch lange nach der Christianisierung um Schutz vor Unwetter, vor Hagel- und Blitzschlag gebetet worden.

Die Steinobjekte verfügen über Kräfte, die den Menschen zu schützen vermögen.

⊕ ▲ ▼ SCHWARZSEE

Der See liegt wie ein schwarzer Edelstein vor Ihnen. Der Onyx, der Edelstein der Kraft und Stärke, oder der Obsidian, der Edelstein der Unverwundbarkeit, kommen Ihnen hier in den Sinn, wobei sich der Onyx besser in den Sagenkontext eingliedert. Fangen Sie die schwarze Farbe auf einem Foto ein – ein seltener Anblick.

Beim See soll es sich, der Sage nach, um den Wohnort eines schwarzen Stiers handeln, der bei Gewitter aus dem Wasser gekommen und von einem Alpknecht verletzt worden ist. Diesen habe der Stier darauf bis in die Träume verfolgt. Das Bild des schwarzen Stiers können Sie sich bei der Spiegelung der Schwarzen Hörner im dunklen Wasser bestimmt gut vorstellen. Das verletzte Tier hat am richtigen Ort gewohnt, handelt es sich energetisch gesehen doch um einen Kraftort.

Der Schwarzsee – dunkel wie ein Onyx.

Der See lässt sich hier trockenen Fusses überqueren.

Spüren Sie die magische Atmosphäre, die den kleinen, steinigen See umgibt? Gemäss älteren Legenden steht der Stier, der am Bein verletzt worden ist, mit jedem Bein für eine Tugend. Kann das Tier ein Bein nicht mehr gebrauchen, ist die jeweilige Tugend aus seinem und unserem Leben entschwunden, was für ein Verlust!

Bleiben Sie am Ufer stehen, verbinden Sie sich mit dem See und lassen Sie geschehen. Nehmen Sie die Kräfte auf.

Auf dieser Höhe können Sie zeitweise Steinwild, Gämsen oder gar Adler beobachten. Haben Sie einen Feldstecher dabei? Schauen Sie sich um, geben Sie sich etwas Zeit, es lohnt sich.

Wichtiger Hinweis
Die Pizolbahn ab Wangs fährt von Juli bis Mitte Oktober. Ein Werktag eignet sich besser für die Kraftortwanderung, da an schönen Wochenenden sehr viele Wanderer unterwegs sind.

Der Kraftplatz Prodkopf mit wunderbarer Aussicht.

Pizol Pardiel

Gut möglich, dass Sie auf dieser leichten Rundwanderung Ihren Lieblingskraftort entdecken. Der Weg führt Sie zu den unterschiedlichsten Plätzen, von denen ein jeder zu begeistern vermag. Erspüren Sie die Energien, finden Sie den passenden Ort und freuen Sie sich, hier zu sein.

Der Heidiweg mit seinen interaktiven Stationen ist bei Familien sehr beliebt. Für das Spüren von Energien empfiehlt es sich deshalb, auf Wochentag und Wetter zu achten. Man spürt übrigens bei Regen ausgezeichnet. Der Weg führt ohne grosse Steigung durch wunderschöne Blumenwiesen, hin und wieder öffnet sich zwischen den Bäumen ein Aussichtsfenster. Bei der Arvenegg fällt der spezielle Baumwuchs auf.

Vor dem Schwarzbüelhüttli, man könnte den Ort aufgrund der Vegetation «Farnegg» nennen, beobachten Sie Farne, Moose, Wurzelwerk und Heidelbeeren. Es herrschen tiefe, abziehende Energien vor, der Platz ist ein Kleinod der anderen Art, eine schöne, in sich geschlossene Welt. Nach der Alp verjüngt sich der Heidiweg zu einem schmalen Wiesenwanderweg. Er führt hinauf nach Schwarzbüel, wo Sie einen starken Kraftplatz entdecken können. Achten Sie beim Aufstieg darauf, wie leicht es sich geht. Die aufbauenden Energiequalitäten wirken unterstützend. Der Weg führt Sie zum Obersäss, vorbei an drei Tannen, zu einem Kraftort auf einem kleinen Grashügel.

Orte des Staunens am Wanderweg

30. Arvenegg
31. Farnegg
32. Schwarzbüel
33. Obersäss
34. Prodkopf

Pizol Pardiel und Umgebung

17. Hängematten-Wald

Aussichtspunkt Prodkopf

Hinter dem Berggasthaus Pizol führt der Weg nun in die Gegenrichtung zum Aussichtspunkt Prodkopf, wo Sie ein letztes Mal Kraft tanken, die wundervolle Aussicht geniessen und die Kraftort-Rundwanderung abschliessen.

Pizol Pardiel–Pizol Pardiel
4,7 km Distanz, 166 Höhenmeter, 1,5 Std. Gehzeit, Anforderung: T1

Anreise. Mit der Pizolbahn ab Talstation Bad Ragaz (zwischen Ragaz und Vilters gelegen) nach Pardiel. Parkplätze bei der Talstation.

Verpflegung. In Pardiel.

Arvenegg – die Bäume passen sich den Energien an.

ARVENEGG

Vorbei an Tannen- und Arvengruppen folgt der Weg der Krete und beschreibt einen Knick oder ein «Egg». Der Name verweist auf den Bewuchs durch Arven. Die Zirbelkiefer oder Arve, lateinisch «pinus cembra», auch Arbe oder Zirbe genannt, gehört zur Familie der Kieferngewächse (Pinaceae). Der Baum kann bis zu 1000 Jahre alt werden.

Zirben, deren Holz zu Möbeln, Holzverkleidungen, Essenzen oder Kissen verarbeitet wird, werden bis zu 25 Meter hoch. Sie gehören zu den kälteresistenten Bäumen, welche die obere Waldgrenze bilden und wie hier in Steilhängen wachsen und vor Lawinen schützen.

Schauen Sie sich um. Sehen Sie den ungewöhnlichen Baumwuchs? Der Ort hat starke Energien, die aufbauend, aber auch abziehend sind – für die Bäume nicht die ideale Situation. Da sie nicht weggehen können wie Mensch und Tier, reagieren sie mit ihrem Wuchs darauf. Sie suchen auf beschränktem Raum den besten Platz.

Den vorherrschenden Kräften weichen die Bäume aus. Das können Sie auch andernorts an Waldrändern, in Wäldern oder auch in Parks und Gärten beobachten. Die Pflanzen richten sich nach dem Licht und den Energien aus, denen sie entgegenwachsen oder von denen sie sich wegbewegen. Ein kräftiger, gerader Baum steht auf einem optimalen Platz.

Die Bäume, die hier an der Flanke des Berges wachsen, halten diese zusammen. Sie verunmöglichen die Bildung eines grossen Schneerutsches in die Tiefe, aber auch das Erodieren der Flanke selbst. Riskieren Sie einen Blick über die Krete und stellen sich vor, dass diese Bäume sich nicht nur am Abhang halten, sondern auch noch den abbauenden Energien ausweichen. Ein Kunststück, das sie mit Bravour meistern. Gemäss Fachleuten wird ihnen die Klimaerwärmung stark zusetzen. Kaum auszudenken, welche Folgen das haben dürfte.

Die ätherischen Öle im Arvenholz weisen eine stark antiseptische Wirkung auf. Wer in einem Arvenzimmer, in einem Arvenbett oder mit einem Arvenkissen schläft, soll sich nachweisbar besser erholen.

Brücken – Orte zum Experimentieren

Immer wieder führt Sie der Weg auf kleinen Holzbrücken über ein Bächlein. Bleiben Sie auf jeder Brücke kurz stehen und erspüren Sie die Energien. So wie Wasser, das unter der Oberfläche fliesst, von fühligen Menschen als Wasserader wahrgenommen wird, kann auch das an der Oberfläche dahineilende Bächlein gespürt werden. Achten Sie darauf, ob Ihre Wahrnehmung vor, auf und nach dem Bach anders ist. Wie unterscheiden sich zum Beispiel Wohlbefinden, Leichtigkeit, Temperatur, Geräusche vor, auf und nach der Brücke?

Die kleinen Holzbrücken bieten die Möglichkeit, die eigene Wahrnehmung zu prüfen.

▼ FARNEGG

Wie sieht Ihre persönliche Märchenwelt aus? Wie bei den Gebrüdern Grimm, aber draussen im tiefen Tannenwald? Wenn dem so ist, führt Sie der Heidiweg beim Farnegg ganz nahe an Ihr Märchen heran.

Sie befinden sich an einem beinahe verwunschenen Ort mit Farnen, Moosen, Wurzeln, Beeren, Gräsern. Der Eindruck ist eher dunkel. Hier könnte Rotkäppchen dem bösen Wolf begegnet sein. Die Energien sind tief und abziehend, das Licht dringt nur schwer durch die dichten Bäume. Und doch ist der Ort von unberührter Schönheit. Da die Energien tief sind, spüren Sie ihre abziehende Qualität nur wenig. Nehmen Sie das friedliche Bild in sich auf.

Wälder werden in der Psychologie gerne mit dem Unbewussten gleichgesetzt. Der Wald verwandelt das Abstractum in ein griffiges Bild. Seine vielen Bäume verdecken jegliche Weitsicht, das vorherrschende Halbdunkel verunmöglicht Klarheit, und die nicht sichtbaren Gefahren können überall lauern. Ist der Wald von solch unberührter Schönheit wie die Farnegg, könnten Sie sich darin ebeso gut verlieren wie in Ihrem Unbewussten.

Hängematten, um sich auszuklinken
Kurz vor der Alp Schwarzbüel sind mehrere Hängematten im Wald angebracht worden. Legen Sie sich hinein und erfahren Sie die beruhigenden Geräusche der Natur sowie das Plätschern des Bergbaches und das Vogelgezwitscher.

Farnegg – Blick in eine verwunschene Welt.

Auf dem Schwarzbüel liegt Ihnen die Welt zu Füssen.

SCHWARZBÜEL

Wenn Sie Weite und Kommunikation lieben, könnte der Kraftplatz auf Schwarzbüel Ihr Lieblingskraftort sein. Hier spüren Sie fast grenzenlose Freiheit und doch kein Losgelöst-, sondern ein Eingebundensein in die Natur. Das klingt nach dem Fünfer und dem Weggli – wer wünscht sich nicht, sicher und frei zu sein?

Ein kleines Plateau mit Wegweiser und Ruhebank markiert das Schwarzbüel, wo Sie erst einmal verweilen und das Panorama bewundern sollten. Etwas unterhalb der Bank bei Punkt 1732 finden Sie den kräftigen Platz mit aufbauenden Energien. Sie stehen an einem wunderbaren Ort der Kraft mit Blick auf die mythisch anmutende Hochebene Palfries auf der anderen Talseite. Es ist, als ob die beiden Orte miteinander kommunizierten. Spüren Sie es?

Respektvoll von den Kräften kosten

Verbinden Sie sich mit den beiden Plätzen, entspannen Sie sich und lassen Sie Geist und Seele weiter werden. Dies ist ein Ort, an dem Sie sich öffnen können, ein Ort zum Innehalten, den Wolken nachschauen, ein Platz, an dem Sie sich in der grossartigen Natur vergessen können, ohne sich dabei abhandenzukommen. Ob unsere Vorfahren in ihrem kargen Bergleralltag diese schönen Orte auch zu geniessen wussten und sich hier mit Himmel und Erde besonders verbunden fühlten? Nehmen Sie die Energien, die Eindrücke und die Umgebung in sich auf. Wenn Sie mit der Natur kommunizieren, können Sie auch hier spannende Entdeckungen machen.

Obersäss – ein kleiner Kultplatz erwartet Sie hinter der Wegbiegung.

⊕ ▲ ▼ OBERSÄSS

Möglicherweise haben sich die Kraft- und Kultplätze oder auch deren Umgebung im Laufe der Jahrhunderte verändert. Wir wissen nicht, ob der kleine Hügel schon in vorchristlicher Zeit einfach ein kleiner Grashügel in der Wiese gewesen ist. Ist er als Kultplatz genutzt worden, hat hier zumindest ein stattlicher Baum gestanden.

Auf dem kleinen Wiesenhügel auf der Talseite des Weges treffen Sie auf einen Ort der Kraft, der Kultplatzcharakter hat. Ob hier Kulte ausgeführt worden sind, ist nicht belegt, die Energien lassen darauf schliessen. Spüren Sie, dass dort etwas sein muss? Zieht es Sie hin? Stellen Sie sich auf den Hügel und nehmen Sie die Kräfte der Erde auf.

Wie haben die alten Kultplätze wohl ausgesehen?
Wenn sie bebaut worden sind, dann in der Regel mit Holzbauten, welche die Zeit nicht überdauert haben. In frühen Zeiten dürfte ein grosser, kraftvoller Baum oder ein besonderer, grosser, kräftiger Stein als Ausstattung genügt haben. Der Stein ist vielleicht noch da, der Baum natürlich nicht. Eine Zeit lang hat jeder Kultplatzbesucher einen Stein mitgebracht und ihn beim heiligen Platz auf die begonnene Steinmauer gelegt. Nur in den seltensten Fällen sind solche Steingebilde bis heute erhalten geblieben. Auch sind Holz- und Steinkreise kultisch genutzt worden. Die Steine liegen oft überwachsen noch heute in den Wiesen und könnten, mit der nötigen Fachkenntnis, an ihren ursprünglichen Platz gesetzt werden wie beispielsweise auf dem Bürserberg.

PRODKOPF

Pizol Pardiel wartet mit einem ganz speziellen Aussichtspunkt auf, der seinesgleichen sucht. Sie können ihn selbst im Winter erreichen, ein gespurter Winterwanderweg von einem Kilometer Länge führt Sie hin. Suchen Sie ihn auf, er wird Sie mit seinen Kräften und seiner Weitsicht begeistern.

Wenige Minuten von der Bergstation Pardiel entfernt, auf der anderen Seite der Station, vorbei an einigen Ferienhäusern, erwartet Sie auf dem kleinen, bewaldeten Hügel eine grosse Holzskulptur, eine Art Aussichtsturm, der erklettert werden kann. Achtung, unterschätzen Sie den Neigungswinkel nicht. Einige Schritte weiter treten die Bäume zurück und Sie befinden sich auf einem Grasplateau mit traumhafter Aussicht. Von den Bündner und Vorarlberger Bergen über die Herrschaft, das Rheintal bis zum Bodensee und über das Sarganserland zu Gonzen, Alvier und den Churfirsten reicht das Panorama.

Geniessen Sie die intensive, aufbauende Energie

Halten Sie inne, geniessen Sie die Aussicht und suchen Sie Ihren Platz. Wie fühlt er sich an? Stehen Sie möglichst ruhig und entspannt. Sie stehen auf einem Ort der Kraft mit aufbauenden Energiequalitäten. Nehmen Sie die Kräfte in sich auf, erweitern Sie Geist und Seele und lassen Sie sich ein letztes Mal dafür Zeit. Damit schliesst sich der Reigen der kräftigen Plätze auf Pardiel. Sind Sie spürig, können Sie in der Umgebung unter Umständen weitere Kraftorte, Kultorte oder gar Heilplätze finden.

Wichtiger Hinweis
Die Pizolbahn fährt ab Talstation Ragaz zwischen Juli und Mitte Oktober täglich.

Der Aussichtsturm auf dem Prodkopf ermöglicht prächtige Rundblicke.

Der zugängliche Wohnturm der Burgruine Wartau, vom Ochsenberg her aufgenommen.

Wartau

Der Raum Wartau-Gretschins ist reich an Orten der Kraft, die von den frühen Kulturen mit grosser Wahrscheinlichkeit teilweise oder vollständig als Kultorte genutzt worden sind. Martinskirche, Ochsenberg, Brochna Burg und Heidenkirche sind von ihrer Stärke und Strahlungsqualität prädestiniert zum Kultplatz.

Von der Bushaltestelle Post in Weite geht es zu Fuss aufwärts Richtung Halde, beachten Sie den Wegweiser. Nach ca. 200 Metern zweigen Sie nach rechts ab. Bei Murris folgt der Weg den Terrassen des Rebbergs am Fusse des Burghügels und führt Sie gemächlich nach Gretschins. Hier besuchen Sie die Kirche St. Martin und die Pestlinde und laden sich mit den wohltuenden Energien auf. Nun können Sie gestärkt zur Burgruine wandern. Sie folgen zuerst ein kurzes Stück der Hauptstrasse bergauf und dann dem Wegweiser zur Burgruine nach rechts. Nach der Erkundung der Burg gehen Sie denselben Weg zurück und folgen dem ersten Wegweiser Richtung Brochna Burg nach rechts. Auf dem Waldweg gehen Sie der Bergflanke entlang, bis rechts ein Trampelpfad in die Tiefe führt. An der Heidenkirche vorbei besteigen Sie die Brochna Burg und danach entscheiden Sie, ob Sie die Heidenkirche von oben bewundern oder in die Tiefe steigen. Achtung, der Abstieg ist sehr steil (T3).

Als erweiterte Variante der Kraftortwanderung bietet sich der Wartauer Sagen- und Geschichtsweg an. Er führt durch verschiedene Dörfer, vorbei an bedeutenden archäologischen Fundorten und geschichtlich belegten Plätzen. An diversen Stationen werden die historischen Fakten den überlieferten Sagen gegenübergestellt.

Orte des Staunens am Wanderweg

35. Linde
36. Martinskirche
37. Burgruine Wartau
38. Brochna Burg / Heidenkirche

Wartau und Umgebung

18. Artilleriefort Magletsch
19. Wartauer Sagen- und Geschichtsweg

Weite–Weite
7 km Distanz, 215 Höhenmeter, 2 Std. Gehzeit, Anforderung: T1

Anreise. Mit dem Bus ab Sargans bis Haltestelle Weite Post.

Verpflegung. In Weite.

Die Kirche Gretschins mit der kräftigen, alten Linde.

LINDE

Die wunderschöne Linde gilt gemeinsam mit der Martinskirche als Wahrzeichen des Dorfes Gretschins. Die Überlieferung bescheinigt ihr ein hohes Alter, sie soll während der Pestzeit im 17. Jahrhundert auf das Grab von sieben Hansen, die alle am selben Tag der Pest erlegen sind, gepflanzt worden sein.

Die Linde sollte eigentlich nicht Pestlinde genannt werden, stellt sie doch den energiereichsten Platz am Ort dar. Tief in der Erde verwurzelt, reckt sie ihre Äste dem Himmel entgegen, sodass Sie hier Kräfte beobachten können, die das Leben und Wohlbefinden fördern. Im Gegensatz dazu zeigt die von Menschenhand erbaute Kirche Qualitäten, die der Verbindung mit der geistigen Welt förderlich sind. Der Kirchturm wiederum steht in Beziehung zu den kosmischen Kräften und verbindet – wie die Linde auch – Oben und Unten. Somit ist die Linde der Kraft- und die Kirche der Kultplatz.

Die Energien der Linde sind hoch und von guter, bekömmlicher Qualität. Setzen Sie sich auf die Bank unter dem Baum und tanken Sie Kraft und Ruhe. Wenn Sie ganz still verweilen, erzählt Ihnen die Linde, wer weiss, ihre Geschichte, und Sie erzählen ihr zum Dank die Ihre.

DIE PEST, 1629

Auch Gretschins kennt das Sprüchlein: «Sieben Hansen in einem Grab! Ist das nicht eine grosse Klag?» Der Pfarrer ist in der Pestzeit nach Zürich ausgewandert, den Totengräberdienst haben die Tiroler besorgt und der neugewählte Pfarrer hat mit seiner Geige auf dem Rücken an einen fahrenden Spielmann erinnert.[15]

Auch Gretschins litt unter der Pest

Die Region ist reich an Legenden, meist das einzige schriftliche Kulturgut aus einer versunkenen Zeit. Die Sage erinnert an die wütende Pest in Gretschins und mit den sieben Hansen an die Linde.

⊕◐ MARTINSKIRCHE

Im Inneren der Kirche finden Sie ein doppeltes steinernes Abbild der Linde. Zum einen beherbergt der Taufstein aus dem 14. Jahrhundert an seinem Fusse ein achtfach stilisiertes Baumsymbol und zum anderen finden Sie die Äste des Baumes als steinernes Geäst in den gotischen Chorbögen wieder.

Vorbei an der berühmten Linde, unter der früher die Dorfbewohner gesessen und sich ausgetauscht haben, betreten Sie das romanische Gotteshaus, dessen innere Nüchternheit ein wenig überrascht. Die Wartauer haben sich im Jahre 1542 mit 337 gegen 22 Stimmen für die Reformation entschieden. Der gotische Chor stammt aus einer früheren Baustufe. Um das Jahr 1000 wurde die erste, viel kleinere Kirche errichtet, 1250 die zweite, etwas grössere und 1493 die heutige Kirche. Interessant ist ihre Stellung, die exakt beibehalten worden ist. Am 11. November, dem St.-Martins-Tag, fällt das Sonnenlicht bei Sonnenaufgang durch die Chorfenster auf den Tauf- und Abendmahlstein.[2] Die Baumeister haben die frühen Kirchen nach vorchristlicher Tradition, ausgerichtet nach den Gestirnen, auf kräftigen Plätzen errichtet.

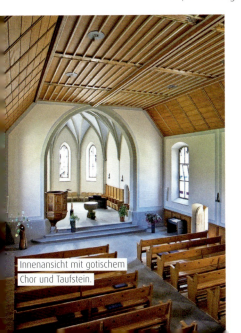
Innenansicht mit gotischem Chor und Taufstein.

Liegt unter dem Kirchturm ein alter Kultplatz?

Der Kraftplatz der Kirche befindet sich unter dem Kirchturm, seine Qualität lässt einen alten Kultplatz vermuten. Aus geomantischer Sicht können Kirchtürme, nebst allen offensichtlichen Aufgaben, auch Antennen sein, welche die kosmische Energie – die Sternenkräfte, wie Paracelsus sagte – aufnehmen und an die Erde weiterleiten, so wie in früheren Zeiten die Menhire bei der vorgenommenen Testung. Tatsächlich zeigt die Strahlung Resonanz auf Leylines, die Landschaft durchquerende Energielinien, an.

☀️🔺 BURGRUINE WARTAU

Sollte der historisch und energetisch interessante Ochsenberg mit seinem Brandopferplatz zugänglich sein, besteigen Sie ihn. Er wird den Sommer über als Weideland genutzt und kann in dieser Zeit nicht begangen werden. Bleiben Sie in der Mulde stehen und zuoberst auf dem Hügel. Spüren Sie die unterschiedlichen Energien?

Archäologische Grabungen zwischen 1980 und 1990 verweisen auf eine zehntausendjährige Besiedlungsgeschichte mit zunehmender Bevölkerungsdichte und einem weiteren Siedlungsplatz unterhalb der Burgruine im Herrenfeld.[19] Reste eines Grubenhauses mit Werkstatt und ein Brandopferplatz sind zum Vorschein gekommen. Nebst den beiden Opferplätzen auf dem Montlingerberg und auf dem Gutenberg bei Balzers ist er der bedeutendste prähistorische Brandopferplatz im Rheintal. Gefunden hat man verkohlte Reste von Tieren, Schmuck und Waffen. Wahrscheinlich ist in der Zeit des frühen Ackerbaus ebenso Getreide geopfert worden.

DER VERRAT

Die Burgherren führten einen ausschweifenden Lebenswandel. Im Hof prassten, tobten und spielten sie mit den Gästen mit ihren goldenen Kegeln. Während einer solchen Stunde eroberten die empörten Untertanen, auf ein verabredetes Zeichen durch eine Magd, das Schloss.[15]

Macht und Ohnmacht

Dank des Verrats durch eine Magd gelingt es den Untertanen, sich aus ihrer Knechtschaft zu befreien. Die Herren gebärden sich derart masslos und die Untergebenen sind so sehr empört darüber, dass sie sich dazu entschliessen, die Burg zu stürmen und in ihre Gewalt zu bringen.

Durch eine natürliche Senke getrennt

Der Standort der mittelalterlichen Burganlage mit Sicht über das Rheintal ist durch eine natürliche Senke vom Ochsenberg getrennt. Sie nähern sich der Ruine über den Burghof. Hier fallen der Ziehbrunnen und der grosse, spitze

Der Burghügel ist durch eine natürliche Senke vom Ochsenberg getrennt.

Die Burgruine – das Wahrzeichen Wartaus.

Fels auf. Setzen Sie sich an den Brunnen und auf den grossen Stein. Der Stein hat eine ausserordentlich kräftige Energie von guter Qualität, was den etwas unbequemen Sitz wettmacht. Hier können Sie wunderbare Energie tanken.

Auf der anderen Seite des Hofes finden Sie interessante Angaben zur Geschichte der Burg. Über eine steile Steintreppe erklimmen Sie die zentrale Hauptburg, deren Wohntrakt in Form eines Turmhauses zum Teil erhalten geblieben ist. Der Sage entnehmen wir, dass der Mörtel mit Wein angerührt worden sei, weshalb die Mauern noch heute so fest wie Eisen seien. Das Erdgeschoss ist nie bewohnt gewesen, im hinteren Teil lassen die Energien ein Gefängnis vermuten. Verweilen Sie nicht allzu lange im Gemäuer, die Kräfte hier sind meist tief und abziehend. Ob sich die Burgbewohner wohlgefühlt haben, ist zu bezweifeln. In mehreren Sagen wird von ihrem ausschweifenden, ja gar schändlichen Leben und von der Reaktion der Untertanen erzählt.

Laden Sie sich auf dem Stein nochmals auf, bevor Sie weitergehen.

DAS GOLDENE KEGELSPIEL

Ein Knecht wollte vor seinem gewaltsamen Tode mit der goldenen Kugel in einem einzigen Wurfe den König im goldenen Kegelspiele umwerfen, was ihm gelang. Schon war das Volk in den Schlosshof eingedrungen. Burgherr und Kegelspiel wurden in den tiefen Brunnen geworfen, woselbst der hohe Schutt der gebrochenen Burg sie jetzt noch bedeckt.[15]

Befreiung und Kultspiele

Das goldene Kegelspiel weist auf vorchristliche Kultspiele hin, die, durch die Sage belegt, wahrscheinlich auch auf dem Burghügel oder aber auf dem Ochsenberg stattgefunden haben.

DAS TUCH VOLL WEIZEN

Schnell holte der alte Weber Graf zu Hause einen Sack, als er nahe dem Schlosse ein Seidentuch voll köstlichen Weizens gefunden hatte. Bei seiner Rückkehr war es jedoch verschwunden. Es erscheint nur alle 100 Jahre. Bindet man es an allen vier Zipfeln zusammen und nimmt es mit, hat man zu Hause ein Tuch voller Gold.[15]

Die Früchte der Erde

Die Schätze der Erde, die von der weissen Frau mit dem goldenen Schlüssel gehütet und gesonnt werden, sind so wertvoll, dass man sie einerseits gleich an sich nehmen muss, und andererseits haben sie genügend Wert, um als Opfergabe an die Fruchtbarkeitsgöttin zu dienen.

⊕ ▲ ▼ BROCHNA BURG / HEIDENKIRCHE

Auch wenn die Burg nicht lange bestanden hat, so ist sie doch sagenumwoben. Wenig exponiert, ist hier ein Baugrund gewählt worden, der sich energetisch deutlich von demjenigen der Wartauer Burg unterscheidet. Noch immer sind positive Aspekte feststellbar, wobei sich die einzelnen Parzellen unterscheiden.

Vor sich sehen Sie die Grundmauern der Brochna Burg, die aus der Mitte des 12. Jahrhunderts stammen.[11] Bereits um 1300 ist die Burg wieder aufgegeben worden. Bei der Freilegung der Mauerreste im Jahre 1977/78 ist nebst der Burg auf einem der Schrattkalkblöcke ein neolithischer Siedlungsplatz entdeckt worden. Der senkrecht abfallende Burgfels ist vom übrigen Gestein durch eine breite Kluft getrennt, wahrscheinlich ein wesentlicher Faktor für die Wahl des Standortes. Burg wie auch Siedlungsplatz weisen teilweise hohe Energien auf, deren Qualitäten in der Burg auf- und abbauend sind.

Neolithischer Siedlungs- und mittelalterlicher Burgplatz mit schwer zugänglichem Kultort.

Die Heidenkirche ist heute ein begehrter Kletterplatz, sie erstreckt sich steil und weit nach unten.

Mystisch anmutende Heidenkirche

Zur Zeit des Burgbaus dürfte noch einiges über Naturgeister und die in der Natur verehrten Gottheiten bekannt gewesen sein. Wollte man mit ihnen dem Treiben der «Waldleute» ein Ende bereiten? Die Brücke zur Burg führte genau über den als Heidenkirche bekannten, tiefen Graben. Zwei parallel stehende, mächtige Nagelfluhfelsen, direkt neben der Brochna Burg, erschaffen einen durch die Hanglage abschüssigen, sakral anmutenden Raum, der nach oben offen ist. Steigt man in diesen hinunter, ist es nicht sehr schwer, sich vorzustellen, dass Menschen, die ihre Gottheiten in der Natur verehrten, diesen Ort als einen ganz besonderen erkannt haben. Im tiefen Wald fühlt man sich der «Grossen Urmutter» wohl besonders nahe. Selbst für uns moderne Menschen wirkt der Platz mystisch. So sind die beobachteten energetischen Werte zwar deutlich höher als auf der Burg, aber auch die Resonanz auf «dunkel» ist hier unten erhöht. Wenn Sie mögen, steigen Sie hinab und nehmen die unterschiedlichen Aspekte wahr.

SIEBEN FÜCHSE

Einst war ein älterer Jäger in der Nähe der Brochna Burg auf dem Anstand, weil er Wild erwartete. Da kamen von der Magletschwand her in einer Reihe sieben Füchse. Erschrocken liess er dieselben vorüberziehen, als plötzlich der hinterste dem vorangehenden zurief: «Wart noch, Kathrinali!» Am andern Morgen war der Kopf des Jägers geschwollen, nie mehr ging er in dieses Gehölz auf die Jagd.[15]

Sieben Kultplatzbesucher?

Sieben sprechende Füchse weisen auf einen schamanischen Hintergrund hin, sind sie doch alte Totemtiere, in die sich sowohl Schamanen als auch Hexen unschwer verwandeln können. Möglicherweise waren sie unterwegs zum Kultplatz und erteilten unterwegs dem Jäger eine Lektion.

Der mythologische Gang in die Erde zum Quell des Lebens.

Taminaschlucht

Der beliebte Badekurort Ragaz, alteuropäisch «Ort bei der Wasserschlucht», wird im Jahre 845 erstmals als «curtis ragaces» urkundlich erwähnt. Zusammen mit zwei Alpen gehört er der 740 gegründeten Benediktinerabtei Pfäfers, welche den Ort bis zur Klosteraufhebung, 1838, kontrolliert.

Vom Bahnhof gehen Sie zum Kurpark und danach der Tamina entlang durch das sich stets verengende Tobel bis zur Heilquelle. Beim Alten Bad Pfäfers überqueren Sie auf einer alten Steinbrücke den Fluss und gelangen zum Drehkreuz, das Sie in die magische Felsenwelt einlässt. Dem Steg entlanggehend, finden Sie zur Quellgrotte. Vom Alten Bad Pfäfers fahren oder gehen Sie zurück nach Bad Ragaz. Vielleicht verwöhnen Sie sich anschliessend im bekannten Thermalbad mit dem wunderbaren Wasser der Tamina.

Die Geschichte von Ragaz und der Taminaschlucht wird weitgehend vom Kloster Pfäfers bestimmt.[1] Der Sage nach findet ein Jäger des Klosters um das Jahr 1038 die warme Quelle tief in der Schlucht und 200 Jahre später entdecken zwei Jäger aus Vilters diese wiederum. Schnell wird sie von den Mönchen der Abtei Pfäfers als heilkräftig erkannt und zum Kuren genutzt. In Körben werden die Kranken ins Wasser abgeseilt und von keinem Geringeren als dem Mediziner und Naturforscher Paracelsus, dem ersten Ragazer Badearzt, betreut. In einem Bericht bestätigt er die Heilwirkung des Thermalwassers, das im 17. Jahrhundert ins Badehaus von Bad Pfäfers und im 19. Jahrhundert nach Ragaz geleitet wird, wo der europäische Hochadel standesgemässe Badekuren durchführt. Seit 1872 gehört Bad Ragaz zu den bedeutendsten Kurorten weltweit.

Orte des Staunens am Wanderweg

- 39. Sequoia-Bäume
- 40. Wächterstein
- 41. Quellgrotte
- 42. Badkapellen

Taminaschlucht und Umgebung

- 20. Kirche St. Leonhard
- 21. Burgruine Freudenberg
- 22. Pinakothek Altes Rathaus
- 23. Tamina Therme
- 48. Porta Romana
- 49. Ruine Wartenstein
- 50. Kapelle St. Georg
- 51. Klosterkirche Pfäfers
- 52. Buche

Bad Ragaz–Bad Ragaz
10,8 km Distanz, 182 Höhenmeter, 2,5 Std. Gehzeit, Anforderung: T1

Anreise. Mit dem Zug nach Bad Ragaz, Parkplätze beim Bahnhof und im Dorfzentrum, Rückfahrt mit Schluchtenbus oder Rösslipost möglich.

Verpflegung. In Ragaz und in der Taminaschlucht.

☀️ 🔺 SEQUOIA-BÄUME

Der Kurpark des berühmten Grand Resorts Bad Ragaz, mitten im Herzen des Kurorts, wartet mit vielen kräftigen, schönen Bäumen auf, unter denen vor allem die beiden grossen Sequoiadendron giganteum auffallen. Gehen Sie hin, lehnen Sie sich mit dem Rücken an die Bäume oder umarmen Sie sie. Auf diese Weise können Sie deren Kraft spüren und aufnehmen.

Beide Bäume haben hohe Energien, der eine jedoch deutlich weniger als der andere. Der eine hat aufbauende Energiequalitäten, der andere weist ebenfalls hohe, jedoch abbauende Kräfte auf. Unter welchem der beiden Riesen ist es Ihnen wohler? Können Sie sagen, weshalb?

Sequoia – schon ein Riese und noch so jung.

Ein Weihnachtsbaum mit zwei Gesichtern

Interessant ist der Umstand, dass einer der grössten natürlichen Weihnachtsbäume der Welt zwar hunderte Besucherinnen und Besucher aus der ganzen Welt um die Weihnachtszeit zu bezaubern vermag, selber jedoch unter den vielen Kabeln und Stromanschlüssen zu leiden scheint. Sie spüren den energetischen Unterschied zwischen den beiden praktisch identischen Bäumen deutlich. Trotzdem ist ein Besuch des rund 130 Jahre alten Baums ein unvergleichliches Erlebnis. Mit seinen 40 Metern Höhe und 70 000 Lichtern lässt der über 130 Jahre alte Baum selbst so berühmte Brüder wie den legendären Christmas-Tree vor dem Rockefeller Center in New York mit 30 000 Lichtern und einer Höhe von 20 Metern geradezu vor Neid erblassen. Ein kabelloses Sommerleben könnte die Sequoia stärken.

Die beiden Sequoia-Bäume im Kurpark des Grand Resorts in Bad Ragaz.

Der «Wächterstein» hat eine natürliche Torfunktion.

WÄCHTERSTEIN

Der Begriff des Wächtersteines deckt sich nicht mit demjenigen der Hünenbetten, wie sie in Skandinavien und in Nordostdeutschland vorkommen. Vielmehr handelt es sich um eine Art energetischen Schutzstein.

Entlang der Tamina, alteuropäisch «Wasser», bis zum Alten Bad Pfäfers und seiner Heilquelle geht es sich leicht. Die Energien sind in der ganzen Schlucht sehr hoch und überwiegend aufbauend. Lassen Sie sich ein auf das steile Tobel, das immer enger und schroffer wird. Im ersten Drittel des Weges treffen Sie auf eine Brücke aus Beton. Bleiben Sie kurz darauf stehen. Was empfinden Sie? Wie fühlen sich Ihre Beine an? Spüren Sie einen Unterschied zwischen Betonuntergrund und Naturstrasse?

Achten Sie unterwegs immer wieder auf das Rauschen, die Laute des Wassers. Welche Gefühle ruft es in Ihnen wach? Beobachten Sie auch die vielen Wasserfälle entlang des Schluchtenwegs.

Beseelte Natur

Sehen Sie den grossen Wächterstein und weiter wegaufwärts das Steintor? Für den früheren Menschen ist die Natur selbstverständlich belebt gewesen. Hat ein auffälliger Stein, der spürbar strahlt, am Wegrand gestanden, ist diesem eine besondere Bedeutung zugesprochen worden, so zum Beispiel «Wächterstein» als Hüter des Weges. Wer hat nicht an solchen Stellen schon ein feines Erschaudern gespürt? Testen Sie, wie Sie auf den hoch aufragenden Stein reagieren, indem Sie mehrmals an ihm vorübergehen und auf Ihre Körperreaktion achten. Lässt er Sie passieren? Was genau will er von Ihnen?

 **QUELLGROTTE**

Vorbei am Alten Bad Pfäfers gehen Sie durchs Drehkreuz in die dunkle, enge, kühle und feuchte Schlucht, die sich bei starkem Regenwetter in die Bühne eines dramatischen Naturschauspiels verwandelt. Auf dem Steg, entlang der Wand, gelangen Sie zum warmen Stolleneingang. Sie werden begeistert sein.

Beachten Sie in der Nische die Statue der heiligen Barbara. Es handelt sich bei ihr um die Patronin der Bergleute. Auf dem Weg zur warmen Paracelsusquelle im Berginneren kommen Sie am kleinen Thermalwasserbrunnen vorbei. Bedienen Sie sich, das Wasser ist gesund, seine Energien sind hoch, die Energiequalität ist auf- und abbauend, was den Organismus bei regelmässiger Anwendung in seine Balance zu versetzen vermag. Die Energien hier sind insgesamt sehr hoch, spüren Sie es? Gehen Sie ans Ende des Stollens in die Quellgrotte.

Willkommene Wärme
Durch die Glasscheibe sehen Sie das kraftvolle, sprudelnde Thermalwasser, das den gesamten Grottenraum aufzuheizen vermag. Pro Minute treten 8000 Liter klares, reines, 36,5 Grad warmes Wasser aus der Quelle. Verweilen Sie hier, nehmen Sie die uralten Kräfte auf. Dem Stollen weiter folgend erreichen Sie eine Terrasse. Beachten Sie die Strukturen im ausgewaschenen Felsen, geniessen Sie das Spiel von Licht, Schatten und fallenden Wassertropfen. Hier bekommen Sie einen Eindruck von der Schlucht und ihrer Entstehung.

Wichtiger Hinweis
Der Weg zur Quellgrotte ist zahlungspflichtig und von Mai bis Oktober zugänglich.

BADKAPELLEN

Die Geschichte des letzten erhaltenen Barockbades der Schweiz beginnt im Jahr 1240, als die warme Quelle entdeckt worden ist. Im Laufe der Jahrhunderte wächst das Bad und wird zur gefragten, internationalen Kurstätte mit berühmter Klientel. Seit 1838 im Besitz des Kantons St. Gallen, ist sie nur knapp dem Abbruch entgangen.

Heute präsentiert sich das ehemalige Badezentrum, getragen von der Stiftung Altes Bad Pfäfers, als Museum mit Restaurant und Badkapelle. Die ursprünglich barocke, im neugotischen Stil erneuerte Kapelle ist der heiligen Magdalena geweiht. Sie befinden sich hier an einem starken Kraftort. Die Intensität der Erdstrahlung ist sehr hoch, die Qualität der Energien ist auf- und abbauend und kann Heilungsvorgänge unterstützen. Wenn Sie aus der Gegend sind, kommen Sie öfter und regelmässig hierher. Es wird Ihnen gut tun. Trinken Sie vom Wasser der Quelle und stehen Sie entspannt auf den Heilplatz.

Von der ehemaligen Magdalenenkapelle sind nur noch ein Teil der Mauer sowie die Nische im Stein erhalten geblieben. Sie sehen sie im Dämmerlicht der Schlucht, bevor Sie in den Stollen einbiegen und zur heiligen Barbara gelangen. Besser sehen Sie die Felsnische allerdings beim Zurückgehen, gleich nach dem Stollenende auf der gegenüberliegenden Schluchtseite. Bis ins Mittelalter soll hier, geschützt durch den Fels, eine kleine Kapelle mit einem Bildnis der heiligen Magdalena gestanden haben. Ihre Glocken sollen beim Tod eines jeden Kurpatienten jeweils wie von selbst geläutet haben. Auch hier befindet sich ein starker Ort der Kraft mit Heilenergien, der heute jedoch nicht mehr zugänglich ist.

Wichtiger Hinweis
Badkapelle, Restaurant und Museum sind von Mai bis Oktober geöffnet.

Neue Badkapelle mit ehemaligem Badezentum.

Das kleine Walserdörflein St. Martin mit seiner gleichnamigen Kapelle.

Calfeisental

Etwas verborgen, zwischen Pizol und Ringelspitz gelegen, wird das Calfeisental als Geheimtipp gehandelt. Pflanzen und Wildtiere finden hier paradiesische Lebensbedingungen. Beinahe wäre die ehemalige Walsersiedlung St. Martin in den Siebzigerjahren dem Gigerwald-Stausee einverleibt worden.

Vom Parkplatz bei St. Martin aus folgen Sie dem Wegweiser zur grössten Fichte und steigen Richtung Stockboden auf. Sie haben die Möglichkeit, den Chilchlikopf von seiner Hinterseite her zu besteigen, und finden sich in einem idyllischen Wäldchen wieder. Nach der willkommenen Verschnaufpause geht es weiter bergauf zur Weltrekord-Tanne mit ihren Heilenergien und noch etwas weiter zum Walserfriedhof. Auf dem Fichtenrundweg wandern Sie danach Richtung Westen und folgen dann dem Alpsträsschen bis zur Malanseralp. Auffallend viele schöne Blumen säumen den Aufstieg. Auf der Malanseralp angekommen, haben Sie einen wunderbaren Ausblick auf den Piz Sardona, der Teil des UNESCO-Welterbes Tektonikarena Sardona ist. Anschliessend steigen sie wieder ab und wählen den Retourweg über Schwamm.

Orte des Staunens am Wanderweg

43.	Kirche St. Martin
44.	Chilchlikopf
45.	Weltrekord-Tanne
46.	Malanseralp
47.	Sardonaalp mit Hexenbühl

Die längere, aber sehr lohnenswerte Alternative führt über die Sardonaalp zum sagenumwobenen Hexenbühl und via Tüfwald nach St. Martin zurück. Von der Malanseralp wandern Sie via Alp Platten und Gamser Älpli Untersäss zur Sardona Alp mit ihrer bewirteten Alphütte und weiter zum Hexenbühl, dem Highlight der Rundwanderung. Von hier folgen Sie dem Weg zurück via Tüfwald, vorbei an wunderbaren Wasserfällen, nach St. Martin oder zur Postautohaltestelle beim Staudamm.

Staudamm Gigerwald–Staudamm Gigerwald
8,4 km Distanz, 597 Höhenmeter, 4 Std. Gehzeit, Anforderung: T2;
Zusatzroute:
15 km Distanz, 795 Höhenmeter, 6 Std. Gehzeit, Anforderung: T2

Anreise. Mit dem Postauto ab Bad Ragaz nur bis Haltestelle Staudamm Gigerwald, Parkplätze auf der Staumauer Gigerwald und in St. Martin.

Verpflegung. In Gigerwald, St. Martin und auf der Alp Sardona.

ST. MARTIN

Schon früh wurde das wilde Calfeisental bevölkert. Die Walsersiedlung St. Martin zeugt heute noch vom Kampf der Bewohner gegen das raue Bergklima im Schatten des Ringelspitzes.

Es schwingt eine grosse Portion Pioniergeist mit, als anfangs des 14. Jahrhunderts das Calfeisental von Walsern besiedelt wird, die das Land und die Alp Sardona als Lehen vom Kloster Pfäfers erhalten. Eine Kolonie von zwölf Grossfamilien mit insgesamt über hundert Personen kann sich heranbilden. Aber schon bald setzt ein reges Zu- und Abwandern ein, Mitte des 15. Jahrhunderts beginnt dann der eigentliche Exodus nach Weisstannen, St. Margrethenberg oder in die Bündner Herrschaft. Kurz nach dem Jahre 1652 verlassen auch die letzten Calfeisen-Walser das Tal. Fortan wird das Lehen zu St. Martin nur noch als Sommergut betrieben.

Zu wenig Sonnenstunden

Zu gross war offenbar das Wagnis der Walserpioniere, zu mächtig die Bergwelt rund um das Ringelspitz-Massiv, dem höchsten St. Galler Berg. Es fehlte an der nötigen Sonnenbestrahlung, die Höfe erhielten im Winter monatelang kein wär-

mendes Licht. Diese überaus beschwerliche, lange Winterzeit aber verlangte viel Brennholz, und die einseitige Viehwirtschaft verlangte nach Matten und Weiden. Deshalb wurde immer wieder neuer Wald gerodet. Der Baumwuchs schwand, das Tal verwilderte. Lawinen und Rüfen brachen durch die Restbestände des Waldes und gefährdeten die Ansiedlungen.

Die schlechten Verkehrswege trugen ebenfalls dazu bei, dass die Walserkolonie im Calfeisental unterging. Beschwerliche Sommerpfade verbanden das Calfeisental mit dem bündnerischen Flims, dem glarnerischen Sernftal und dem benachbarten Weisstannental. Auch die Verbindung talauswärts nach Vättis war schwierig und zeitweise gar lebensgefährlich. Unter diesen Vorzeichen war der so wichtige Warenaustausch oftmals behindert.

Wasser aus dem benachbarten Tal
Die Walsersiedlung St. Martin ist in mühevoller Kleinstarbeit wieder restauriert worden und soll heute an die Pioniertaten unserer Vorfahren erinnern. Allein schon der Charme des kleinen Dörfchens ist einen Besuch wert. Dabei wäre die Siedlung in den Siebzigerjahren beinahe dem Stausee Gigerwald zum Opfer gefallen. Der Stausee reicht im gefüllten Zustand bis fast an die Grundmauern des Kirchleins, am südlichen Seeufer entlang führt eine schmale Strasse durch einige Tunnels nach St. Martin. Die imposante Bogenstaumauer des Bauwerkes ist 147 Meter hoch, gespeist wird der See nicht nur von der Tamina, sondern auch aus dem benachbarten Weisstannental. Dort wird Wasser vom Siezbach, Mattbach, von der Seez, vom Scheubsbach, Lavantinabach und vom Gafarrabach per Stollen ins Calfeisental geführt. Dies ergibt für den Stausee Gigerwald ein zusätzliches Einzugsgebiet von 44,98 km^2. Das natürliche Einzugsgebiet des Stausees Gigerwald beträgt 52,06 km^2. Damit ist der Gigerwald-Stausee der grösste See, der ausschliesslich auf St. Galler Gebiet liegt.

KIRCHE ST. MARTIN

Achten Sie auf die spezielle Atmosphäre, die Sie nach dem Eintreten in die kleine Kapelle umfängt. Möchten Sie hier verweilen? Sie befinden sich auf einem Kultplatz von hohen Energien, die jedoch nicht nur aufbauend sind. Bleiben Sie nur so lange auf der Kirchbank sitzen, wie Sie sich wohlfühlen.

Gehen Sie auch um die Kapelle herum. Was spüren Sie beim Beinhäuschen? Hier sollen dereinst Knochen von Riesen gelagert worden sein. Heute ist allerdings nichts mehr davon zu sehen. Das 1432 erstmals urkundlich erwähnte Kirchlein wird im Jahre 1312 als Pfarrkirche mit ewigem Licht erbaut.[6] Zwölf Mal im Jahr liest ein Pfarrer von Weisstannen hier die Messe. Auf dem Altar aus dem Jahre 1709 sehen Sie den heiligen Martin und den Gründer des Klosters Pfäfers, den heiligen Pirmin.

Wie in alter Zeit findet auch heute noch am «Jakobi-Sunntig», am Sonntag nach St. Jakob (25. Juli), in St. Martin das Kirchweihfest mit Messe, Musik und Chilbi statt.

DER HEILIGE MARTIN

Wegen des Wunders, unversehrt mit seinem Pferd vom Ringelspitz gesprungen zu sein, wird Martin als Heiliger verehrt. Als solcher ist er auch Patron der St.-Martins-Kapelle, in welcher ihm ein Standbild zu Pferd errichtet ist. Der Kirchenverwaltungsrat von Vättis kleidet dasselbe alle Frühjahre mit einem roten Reitermantel. Während des Sommers kommen die Alpenbesitzer und schneiden je ein Stück davon ab, weil es gut gegen Krankheiten und Viehseuchen sei, sodass der heilige Martin im Herbst wieder entblösst auf seinem Pferde sitzt.[15]

Dem heiligen Martin geweiht
Geweiht ist die Kapelle dem heiligen Martin, dem Bischof von Tours (316/17–397), dem Schutzheiligen der Armen und Bettler.

Der vorchristliche Kultplatz Ancapaa wurde mit Kreuz und Kapelle christianisiert.

Kultplatz auf dem Chilchlikopf über dem Zusammenfluss der drei Bäche.

CHILCHLIKOPF

Getrennt durch den Tellerbach, liegt die Kirche St. Martin dem sogenannten Chilchlikopf oder Ancapaa, wie er früher genannt worden ist, gegenüber. Die bewaldete Steinsäule, die sich gegen oben pyramidenförmig verjüngt, erinnert an ein Wesen, was mit dem auf alteuropäische Wurzeln zurückgehenden Namen gestützt wird.

Die Kräfte sind stark und nicht nur aufbauend, was auf einen Kultplatz hindeutet. Es liegt nahe, dass die markante Erhebung über dem Zusammenfluss von Tellerbach, Tamina und Parlibach in vorchristlicher Zeit als Steinkultplatz genutzt worden ist, was bedeutet, dass der Ort mit den drei Bächen bereits vor der Zeit der Walser von Bedeutung gewesen ist. Die Walser haben den christlichen Glauben ins Tal gebracht und haben versucht, mit der Errichtung der Kapelle gegenüber dem Felsen und der Setzung eines grossen Kreuzes auf dessen höchstem Punkt den Ort zu christianisieren. Ob, wie und wann das gelungen ist, lässt sich nicht belegen, denn der Glaube an die Naturwesen ist in abgelegenen Gegenden nicht so einfach auszurotten. Ausserdem scheint der Ancapaa nicht der einzige Steinkultplatz gewesen zu sein. Gemäss Sage soll das Pferd des heiligen Martin beim Sprung vom Ringelspitz auf einer Felsplatte hufeisenförmige Spuren hinterlassen haben, die später dem Pferdefuss des Teufels zugeschrieben und damit verteufelt worden sind.

Schauen Sie vom Kirchplatz her zum Chilchlikopf und nehmen Sie die Ausstrahlung des Steinwesens in sich auf. Vergleichen Sie Ihr Gefühl dabei mit demjenigen, das Sie empfinden, wenn Sie oben stehen. Was beobachten Sie hier? Was fällt Ihnen besonders auf?

▲▼ WELTREKORD-TANNE

Auf dem Gebiet Stockboden der Alp Egg auf 1580 m ü. M. steht mit einer Höhe von 33 Metern und einem Durchmesser von 1,84 Metern die dickste Rottanne der Welt. Um sie umfassen zu können, sind vier Männer notwendig. Wegen der starken Hanglage wirkt der grosse Baum weniger wuchtig, als er tatsächlich ist.

Vier erwachsene Männer sind nötig, um den Stamm der Fichte umfassen zu können.

Stehen Sie unter die 33 Meter Baumhöhe und schauen Sie hinauf. Sie befinden sich unter dem Schutzdach der weltweit breitesten Rottanne. Nur etwa 70 Zentimeter Durchmesser weist eine durchschnittliche Rottanne auf und damit einiges weniger als die Hälfte der Stockboden-Fichte, die übrigens einen Fuchsbau beherbergt.

Gehen Sie um den Baum herum, reden Sie ruhig mit ihm, er ist ein Lebewesen. Umfangen Sie ihn oder lehnen Sie sich mit dem Rücken an den Stamm. Was spüren Sie? Die Energien, die Sie aufnehmen, sind sehr intensiv, die Energiequalität ist auf- und abbauend, was dazu beiträgt, den Organismus ins Gleichgewicht zu bringen.

Die Weltrekord-Fichte in ihrer ganzen Pracht und Grösse.

Walserfriedhof

In der Nähe des Baums liegt der kleine Walserfriedhof, dessen Besuch sich lohnt. Allerdings handelt es sich nicht um den Original-Standort.

Anfangs des 14. Jahrhunderts wird das Hochtal von Walsern besiedelt, die das Land als Lehen vom Kloster Pfäfers erhalten. Eine Kolonie von zwölf Grossfamilien mit insgesamt etwas über hundert Personen kann sich heranbilden. Nach und nach wird das Klima im Schatten des Ringelspitzes für die Menschen jedoch zu rau und sie sehen sich gezwungen, bis ins Jahr 1652 St. Martin aufzugeben und es fortan nur noch als Maiensäss zu nutzen.

Der Blick von der Malanseralp in Richtung Alp und Piz Sardona.

⊕   MALANSERALP

Wie auf einem Logensitz thront die Malanseralp mit ihrer grossen Alphütte auf einer Geländeterrasse und gibt den Blick frei auf Alp und Piz Sardona. Was macht einen tiefer liegenden, abgeschlossenen Talkessel so anziehend, dass jeder Wanderer bei der Aussicht von der Malanseralp nach Luft schnappt? Finden Sie es heraus.

Die Malanseralp mit ihrer wunderbaren Aussicht wartet, wie die ganze Talschaft, mit erhöhten Energien auf, die hier jedoch nicht ausgeglichen sind. Ihre Aufmerksamkeit wird sich schnell von der Alp lösen und sich auf die Hochebene zu Ihren Füssen richten und auf den eindrücklichen Piz Sardona, der das Tal abschliesst. Starke, vorwiegend aufbauende Energien warten dort hinten, entdeckt und erspürt zu werden. Via Alp Platten und Gamserälpli Untersäss gelangen Sie auf einer faszinierenden Route zur Alp Sardona und zum Hexenbühl.

Interessieren Sie sich für die Wiederansiedlung von Bartgeiern, folgen Sie der Ausschilderung. Im Juni 2010 sind erstmals junge Bartgeier im Calfeisental ausgewildert worden. Der Standort im Jagdbanngebiet Graue Hörner erweist sich als geeignet. Dank der Wiederansiedelung von Steinböcken ist der Bestand an Wildtieren hoch. Da sich der Bartgeier von den Knochen verendeter Tiere ernährt, gestaltet sich die Nahrungssuche nicht allzu schwierig. Vielleicht haben Sie Glück, einen der Geier zu sehen. Mit einer Flügelspannweite von drei Metern ist er deutlich grösser als ein Steinadler.

SARDONAALP MIT HEXENBÜHL

Unweit der bewirteten Hütte, etwas westlich, befindet sich der alte Kulthügel «Hexenbühl». Nördlich davon fällt der Flurname «Tüfelsruns» auf. Es hext und teufelt hier ganz gewaltig. Wie müssen Sie das verstehen? Hinweise finden Sie in Sagen und Legenden, oft den einzigen Überlieferungen aus vorchristlicher Zeit.

Allerdings müssen Sie sich bewusst sein, dass die mündlich überlieferten Sagen erst viel später, in christlicher Zeit, aufgeschrieben worden sind, weshalb sich unterschiedliche Zeit- und Kulturschichten überlagern. Mit dem Wandel des Bewusstseins haben sich nach und nach die Inhalte verändert und sich, trotz Beibehaltung der wichtigsten Aussagen, den neuen Einstellungen und Ansichten angepasst. Die auffälligsten Änderungen hängen mit dem Übergang vom Matriarchat zum Patriarchat und mit demjenigen vom Heidentum zum Christentum zusammen. Obwohl oder gerade weil sich diese Veränderungen langsam vollzogen haben, sind die Spuren

DIE EINLADUNG

Ein Jäger hörte dreimal seinen Namen rufen und ging dem Rufe nach bis zum ebenen Boden des Hexenbühels. Lichterglanz leuchtete in die Nacht hinaus; bei wunderschöner Musik tanzten wilde Gestalten, an einem langen, reichbesetzten Tische luden ihn Schwarzgekleidete mit bleichen Gesichtern zum Essen ein. Er setzte sich und sagte zu dem Nächsten: «Gott gsegn' es!» Da starrten ihn die bleichen Gesichter an und alles war verschwunden.[15]

Beschreibung des Festes
Die Sage zeigt eine christianisierte Variante des Hexenbühls und was dort stattgefunden hat.

DER SARDONAGLETSCHER

Wo jetzt der Sardonagletscher seine Eismassen ausbreitet, grünte einst, zum Stolze des Sennen, die herrlichste Alp. Kam seine Mutter zu Besuch, kehrte sie beladen mit Butter und Käse nach Hause. Jetzt aber hatte Kathrin den Senn zu einem gottlosen Leben verführt. Er speiste die Mutter mit so wenig ab, dass sie ihn verfluchte. Schnee und Eis sollen Alp, Sohn und Dirne bedecken.[15]

Kreislauf
Der Jahreskönig wird von der jungen Göttin initiiert und geheiratet und von der alten auf seine Reise in die Anderswelt geschickt.

Das sagenumwobene Hexenbühl ist als leichte Erhebung in der Bildmitte erkennbar.

des alten Glaubens, der alten Sichtweise der Dinge erhalten geblieben. Sie werden durch die neue Erzählschicht lediglich überdeckt.

Die Sagen zeichnen den Hexenbühlhügel als alten Kultplatz aus, auf dem Jahreszeitenfeiern stattgefunden haben. Seine Energien begünstigen das Zelebrieren von Riten. Später wollte man vom alten Glauben nichts mehr wissen und hat Gegend und Handlungsträger des Kultes verteufelt und verhext.

Wichtiger Hinweis
Der Bus verkehrt von Mai bis Oktober von Bad Ragaz nach Gigerwald, die Durchfahrt Gigerwald–St. Martin ist für Personenwagen eingeschränkt.

DER TANZBODEN IN DER ALP SARDONA

Auf der Alp Zarduna ist ein grosser, ebener Platz, Tanzboden genannt. Hier hat noch nie ein Stück Vieh sein Nachtlager gesucht; denn da versammelt der Teufel die ihm Zugehörenden. Da wird gegessen, getrunken und getanzt, bis in Vättis die Betglocke läutet. Dann auf einmal ist alles verschwunden. Ein Gemsjäger tanzte mit, bis er unter dem Volke seine Braut gewahrte und sie als Verworfene bezeichnete. Danach fand er keine Ruhe mehr und zog in die weite Welt hinaus.[15]

Altes Jahreszeitenfest
Die Verworfenen feiern um Mitternacht auf dem Hexenbühl in der Nähe der Hütte. Die in christlicher Zeit aufgeschriebene Sage interpretiert die Handelnden als nicht gottesfürchtig und deshalb als verdammenswürdig. Worum handelt es sich in diesen Sagen ursprünglich? In den Alpen wurden noch lange die Jahreszeitenfeste gefeiert, hier die Walpurgisnacht und das Mittsommerfest mit der heiligen Hochzeit der Fruchtbarkeitsgöttin mit dem Jahreskönig.

Die Kapelle St. Georg – hier finden Sie im Inneren und auf der Hügelkuppe Kraft.

Pfäfers

Auf den Spuren der Römer wandern Sie auf dem alten Handelsweg durch das geschichtsträchtige Gebiet der Porta Romana. Die üppige natürliche Schönheit, die Vielfalt an Pflanzen und Tieren sowie die interessanten historischen Bauten werden Sie begeistern. Besuchen Sie in Pfäfers die beeindruckende Barockkirche.

Vom Bahnhof Bad Ragaz gehen Sie an den Golfplätzen vorbei zum Rosenbergli, wo der Aufstieg beginnt. Sie wandern über das terrassierte Gelände auf dem Handelsweg der Römer, der dem oft überschwemmten Rheintal ausgewichen ist und über den Kunkelspass nach Tamins geführt hat. Schon bald kommen Sie durch die höchstgelegenen Rebberge der Ostschweiz. Hier wird der «Portaser» angebaut, dem die ehemalige römische Sperre, die Porta Romana, die an der Flanke gestanden hat, den Namen gibt. Im Jahre 1206 ist an derselben Stelle, zum Schutz von Weg und Kloster, die Burg Wartenstein erbaut worden. Hier hat kein Geringerer als der erste Badearzt von Ragaz, Theophrastus Paracelsus, seine wissenschaftliche Abhandlung über die nahe Heilquelle verfasst.

Auf dem der Burg benachbarten Felskopf thront die kleine Kapelle St. Georg, der Sie ebenfalls einen Besuch abstatten, bevor Sie den Rest des Aufstiegs in Angriff nehmen. In Pfäfers angekommen, besuchen Sie die barocke Klosterkirche und die grosse Buche im gepflegten ehemaligen Klostergarten. Nach einem Spaziergang durchs Dorf zum Aussichtspunkt Tabor führt Sie der Wanderweg über Valur zurück nach Bad Ragaz, wo es sich empfiehlt, den Kraftortrundgang im warmen, belebenden Wasser der Tamina Therme abzuschliessen.

Orte des Staunens am Wanderweg

- 48. Porta Romana
- 49. Ruine Wartenstein
- 50. Kapelle St. Georg
- 51. Klosterkirche Pfäfers
- 52. Buche

Pfäfers und Umgebung

- 20. Kirche St. Leonhard
- 21. Burgruine Freudenberg
- 22. Pinakothek Altes Rathaus
- 23. Tamina Therme
- 39. Sequoia-Bäume
- 40. Wächterstein

Bad Ragaz–Bad Ragaz
9 km Distanz, 346 Höhenmeter, 3 Std. Gehzeit, Anforderung: T1

Anreise. Mit dem Zug nach Bad Ragaz, evtl. weiter mit dem Bus bis Haltestelle Fluppi. Parkplätze beim Bahnhof und im Dorfzentrum.

Verpflegung. In Bad Ragaz und in Pfäfers.

▲ PORTA ROMANA

Der etwas in Vergessenheit geratene, naturnahe Garten Eden mit seinen wertvollen Magerwiesen, Eichen- und Mischwäldern, wo schon die Mönche des Klosters Pfäfers bis auf 720 Metern über Meer Reben angebaut haben, bedarf der stetigen Pflege. Sonst werden seltene Pflanzenarten durch stark wachsende verdrängt.

Eindrückliche, bis zu sechs Meter hohe Trockenmauern säumen die alte Handelsstrasse. Unterstützt durch den Fonds Landschaft Schweiz FLS, sind sie saniert worden. Trockenmauern überdauern lange Zeiträume, wenn die einzelnen Steine vor dem Versetzen geklopft, das heisst gepolt werden. Die negativ gepolte Seite eines jeden Steines stösst an die plusgepolte des nächsten. Auf diese Weise ist die Mauer stabil. Bei alten, mit Pflastersteinen belegten Strassen finden Sie die unter anderem durch die Pferdehufeisen immer wieder positiv gepolte Steinseite nach oben. Diese gibt wohltuend aufbauende Energien ab.

Moose, Eidechsen und Schmetterlinge

Über zweihundert verschiedene Pflanzenarten, darunter auch bedrohte und selten gewordene, haben im Porta-Romana-Gebiet einen Lebensraum gefunden, den sie mit vielen Tieren teilen. Es wird Sie kaum erstaunen, hier ganz besondere Schmetterlinge anzutreffen und immer wieder ein Eidechsli zu erschrecken.

Dem Wohnturm der Burg Wartenstein war gegen Norden ein Zwinger vorgelagert.

▲▼ RUINE WARTENSTEIN

Im Jahre 1206 ist die Feste Wartenstein im Auftrag von Abt Konrad von Zwiefalten als Schutzburg des Klosters Pfäfers auf der kleinen, exponierten Felskuppe erbaut worden. Nach einer wechselvollen Geschichte ist das Gemäuer im 16. Jahrhundert dem Zerfall preisgegeben und später vom Kloster als Steinbruch genutzt worden.

Um Steine für die Erneuerung der Pfäferser Klosterbauten zu gewinnen, hat Abt Bonifaz Tschupp die Burg bis auf die Mauern, welche die Ruine ausmachen, abbrechen lassen. Frühe Stiche und Postkarten zeigen sie, wie sie sich auch heute noch präsentiert. Erhalten geblieben sind Überreste des Wohnturms, der Zisterne und der Unterburg. Die auf den ersten Blick kleine Anlage erweist sich bei ihrer Begehung als stattliche Festung.

Energetisch gehört sie zu den Orten des Staunens, was kaum verwundert. Burgen stehen selten an kräftigen Plätzen. Sie sind nicht auf besonders starke Erdkräfte angewiesen wie eine Kapelle oder eine Kirche.

Besuchen Sie Ober- und Unterburg und verschaffen Sie sich ein Bild von der interessanten Wehranlage.

Der Altar von St. Georg thematisiert den Fall des Heidentums.

KAPELLE ST. GEORG

Die hübsche St.-Georgs-Kapelle erinnert an St. Georgen ob Berschis. Der heutige Bau geht auf das Jahr 1430 zurück. Umbauten und Renovationen haben das äussere und innere Erscheinungsbild mehrfach verändert, nicht so den Feldaltar, der von vielen Gläubigen spricht. Kraft finden Sie im Inneren und auf der Hügelkuppe.

Die Kapelle steht an einem früh besiedelten Ort, was eine prähistorische Herdstelle sowie Tierknochen belegen. Auf dem Hügel dürfte aufgrund der vorherrschenden Energien ein Kultplatz gewesen sein, die Menschen haben nie auf, sondern immer neben kräftigen Orten gewohnt. Die römische Besiedelung ist durch eine Zisternenanlage, Mauerreste, Münzen etc. belegt. Grabungen weisen darauf hin, dass St. Georg am Ende der römischen Herrschaft zu einer Kirchenburg zum Schutz der Bevölkerung ausgebaut worden ist. Bereits das St.-Margaretha-Lied aus dem 8. Jahrhundert weist auf das Gotteshaus hin.

MARGARETHA-LIED
(...) Unter der Glocke Sankt Jörgs
und Sankt Galls
Ist die Maid vorübergezogen.
Da hat es geläutet so lauten Schalls,
Dass der Klöppel herausgeflogen.[17]

Vertreibung des heidnischen Glaubens
Die Fruchtbarkeitsgöttin wird von ihrer Alp vertrieben und gelangt dem Fluppibach entlang und an St. Georg vorbei ins Tal, wo sie weitergeht und Rätien verlässt. Die Mönche bekämpfen den heidnischen Glauben und prägen die Margaretha christlich.

Auf St. Georg befinden Sie sich an einer energiereichen, alten Kultstätte. Wie die Figur der Margaretha, der heidnischen Fruchtbarkeitsgöttin, ist auch der vorchristliche Kultort dem neuen Glauben angepasst worden. Margaretha wird aus dem Tal in die Alpen verdrängt, wo sie sich noch eine Weile halten kann, bevor sie zur St. Margaretha, einer Märtyrerin für den christlichen Glauben, uminterpretiert weiterexistiert. Der alte Glaube, der an der Kultstätte zelebriert worden ist, wird mit Georg, dem Drachentöter, christianisiert. Auf dem restaurierten Altarbild hat Georg den Drachen soeben getötet. Interessanterweise erscheint die heilige Margaretha auf dem Altarbild der Kapelle St. Margrethenberg in der neuen Fassung ebenfalls als Drachentöterin, wohingegen die frühere Darstellung eine Hirtengöttin gezeigt hat.

Figuren und Kultorte sind über lange Zeiträume verehrt und beibehalten worden. Sie sind in ihrer Ausprägung aber immer wieder dem Bewusstsein der Gesellschaft angeglichen worden, was sich beim Übergang vom Heiden- zum Christentum wahrscheinlich am deutlichsten zeigt, welche über eine gewisse Zeit parallel existiert haben.

Die Kapelle präsentiert sich geräumig und hell. Die hölzernen Felderdecken weisen ein ländliches Knäuelmotiv auf, das sich an gotischen Holzdeckenfriesen orientiert. In den vierpassförmigen Mittelstücken dominieren die Monogramme Christi und Mariä.

Die Predella des ehemaligen spätgotischen Altarschreins ist in den barocken Hochaltar eingefügt worden, wohingegen Sie die Altarflügel mit dem restaurierten Verkündigungsgemälde in der Klosterkirche Pfäfers finden.

Wichtiger Hinweis
Den Schlüssel für die Kapelle erhalten Sie beim Mesmer, Tel. 081 330 76 33.

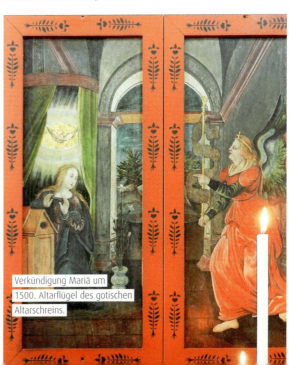

Verkündigung Mariä um 1500. Altarflügel des gotischen Altarschreins.

KLOSTERKIRCHE PFÄFERS

In der beeindruckenden ehemaligen Klosterkirche finden Sie wunderbare Energien vor. Ihre Qualitäten lassen auf einen vorchristlichen Kultplatz schliessen. Dass hier eine Kirche errichtet worden ist, liegt auf der Hand. Wieso aber gleich ein Kloster? Stellen Sie sich unter die Kanzel und vor Bruder Klaus.

Die geografische Sonderstellung dieses Platzes wird wohl den Ausschlag gegeben haben. Die Zugangsstrassen nach Graubünden und über die Pässe haben hier vorbeigeführt. Die Abtei hat den Mönchen, die von Reichenau über St. Gallen, Pfäfers und Disentis nach Como und Bobbio gezogen sind, als Hospiz gedient.

DIE GRÜNDUNG DES KLOSTERS

Der heilige Pirminus wollte zu Maschlins ein Kloster errichten lassen. Ein Arbeiter verwundete sich, worauf eine weisse Taube den blutigen Span in die waldige Anhöhe trug. Wo sie ihn fallen liess, erkannte Pirmin den richtigen Platz für das Kloster.[15]

Taube als weisendes Tier

Oft wird der Platz einer Kirche oder eines Klosters mit einer Sage begründet. Die Taube fungiert hier als sogenanntes weisendes Tier, das auf den richtigen Platz, nämlich den bekannten Kultplatz als richtigen Klosterstandort, verweist.

Ob der heilige Pirmin das Kloster selber gegründet hat, ist zu bezweifeln. Pfäfers wird in seiner Heiligenvita nicht erwähnt.

Sehen Sie die Versteinerungen in Stufen und Säulen? Diese bestehen aus weichem Schiefer mit Kalkbändern und Nummuliten, wie er in der Region vorkommt.

Innenraum mit Seitenschiffemporen und fünf Altären.

Buche vor der Südfassade des ehemaligen Klosters.

 BUCHE

Statten Sie dem kleinen, gepflegten Garten vor dem ehemaligen Kloster einen Besuch ab. Er erinnert an ein Paradiesgärtlein mit seinen Blumen und Stauden, Büschen und Bäumen. Vergleichen Sie die Kräfte der grossen Buche mit denjenigen der Dorflinden in Weisstannen oder Gretschins.

Lehnen Sie an den Stamm und nehmen Sie die Energien des Baumes wahr, sie sind aufbauend und wohltuend. Wie heisst es so schön: «Vor Eichen sollst du weichen, Buchen sollst du suchen, Linden sollst du finden.» Dieses Sprüchlein hilft bei Gewittern. Die Eichen fühlen sich wohl auf Wasseradern, Buchen und Linden dagegen nicht.

Verwerfungen und Gesteinsbrüche im Erdinneren werden durch Grundwasserströme so verstärkt, dass an der Erdoberfläche Störfelder oder Reizzonen spürbar sind. Es gibt Pflanzen und Tiere, welche die Strahlen suchen und darauf besonders gut gedeihen, wie beispielsweise die Eiche, die sogenannten Strahlensucher. Und es gibt diejenigen, die das Gegenteil bevorzugen, wie Linde und Buche, die sogenannten Strahlenflüchter. Wir Menschen sind Strahlenflüchter. Dort, wo es Ihrer Katze besonders wohl ist, sollten Sie sich nicht regelmässig aufhalten.

Blick auf die Geländeterrasse von Sieben Brünnen und das Schesaplana-Massiv im Hintergrund.

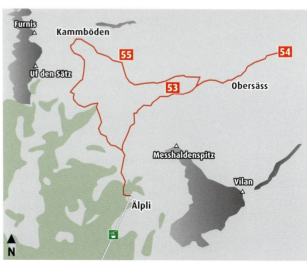

Malanser Älpli

Das Malanser Älpli mit seiner kleinen Bahn und dem grandiosen Panorama wird als Geheimtipp gehandelt. Die Fahrt im Bähnli hat etwas Abenteuerliches an sich. Geniessen Sie diese und die gemütliche Wanderung. Die erstaunlichen Energien und der feine Kuchen im Bergrestaurant werden Sie begeistern.

Von der Bergstation führt Sie ein idyllischer Weg, entlang den Felsen und über Weiden, Richtung Chrüzböde. Sie steigen gemächlich auf und queren dabei eine Reizzone mit auffälligem Baumwuchs. Beobachten Sie die verschiedenen Wuchsformen. Vorbei am Obersäss gehen Sie weiter zum Altsäss, wo sich die Aussicht verändert, da das Schesaplana-Massiv in Ihr Blickfeld kommt. Gehen Sie weiter um einige Kurven, leicht bergab, bis Sie oberhalb von Sieben Brünnen die Wasserläufe in der Tiefe bewundern können. Es ist ein ganz besonderes Bild, das sich Ihnen bietet, nehmen Sie es in sich auf. Selbstverständlich können Sie zu den Sieben Brünnen absteigen. Die Kraftort-Route führt Sie von hier wieder zurück. Gehen Sie via Altsäss zur Hütte des Obersässes und wählen Sie den Wiesenweg, der Sie nach dem Flachmoor nach rechts Richtung Ruchenberg zu den Kammböden führt. Betrachten Sie das Moor aus verschiedenen Blickwinkeln; eine faszinierende Welt präsentiert sich Ihnen. Westlich des Ruchenbergs überqueren Sie ein munteres Bächlein und finden eine kraftvolle Quelle, den energetischen Höhepunkt der Älpli-Wanderung. Via Kammböden und Mittelsäss gelangen Sie zur Älpibahn zurück, wo Sie bei einem feinen Zvieri die wunderschöne Aussicht geniessen sollten.

Orte des Staunens am Wanderweg

53. Moor
54. Sieben Brünnen
55. Quelle

Malans Älplibahn–Malans Älplibahn
7,4 km Distanz, 304 Höhenmeter, 2,5 Std. Gehzeit, Anforderung: T1

Anreise. Mit dem Zug nach Landquart und weiter mit dem Postauto bis Haltestelle Malans Seilbahn, kostenpflichtige Parkplätze bei der Seilbahn.

Verpflegung. Bei der Bergstation Älplibahn und in Malans.

 **MOOR**

Ist das Hochplateau erreicht, sehen Sie das ausgedehnte, unberührte Moor. Die Moorlandschaft ist wunderschön und naturnah, sie fasziniert durch ihre Weite, landschaftliche Einheit und Geschlossenheit. Kommen Sie zu verschiedenen Jahreszeiten, die Färbung der Gräser verändert sich.

Das ausgedehnte Flachmoor auf der Alp Ortasee, auf Gemeindegebiet von Jenins, ist ein geschütztes Moor von nationaler Bedeutung. Hier herrscht ständiger Wasserüberschuss von Regen- und Grundwasser, da der Untergrund kaum durchlässig ist und das Wasser zurückhält. Das führt zu Sauerstoffmangel, was die Zersetzung abgestorbener Pflanzen verzögert und die Torfbildung begünstigt. Sie erkennen ein Flachmoor an der Vegetation, die artenreicher und schnellwüchsiger ist als diejenige des Hochmoors, da die Pflanzen hauptsächlich vom mineralstoffreichen Grundwasser genährt werden.[23]

Kraftort mit Kultqualitäten
Energetisch gesehen handelt es sich hier um einen Kraftort mit aufbauenden, aber auch mit zersetzenden Energiequalitäten. Der Ort würde sich, mit anderer Bodenbeschaffenheit, als Kultplatz eignen. Es ist ein wahrhaft magischer Ort. Sensible Personen können allenfalls Naturwesen entdecken.

Weite und Begrenztheit – eine faszinierende Mischung.

SIEBEN BRÜNNEN

Beim Hören des Flurnamens fühlen Sie sich zuhinterst ins Lenktal versetzt zum Ursprung der Simme, die, je nach Jahreszeit und Wassermenge, siebenarmig aus der Felswand tritt und damit energetisch und auch optisch eine Perle unter den Wasserfällen der Schweiz darstellt.

Etwas anders verhält es sich mit den Sieben Brünnen zwischen Altsäss und Alpnova. Das Wasser stürzt hier nicht von der Wand, es fliesst und schlängelt sich durch Weiden und Moorlandschaften.

Eine wahrhaft romantische Szenerie

Auf den tiefer liegenden Grund mit seinen sanften Geländeformen, Quellen und Bachläufen schauen Sie aus der Höhe hinunter. Oberhalb der Sieben Brünnen beobachten Sie die Gebirgsfalten, das Band der roten Gesteinsschicht, das Gebirge, den Wasserfall, die Weite. Betrachten Sie die weiche Geländemulde mit ihren Bächen. Es handelt sich um einen Kraftplatz mit aufbauender Energiequalität. Verbinden Sie sich mit dem Ort. Kraftplätze wie dieser unterstützen Sie, sich geistig und seelisch zu erweitern, sie sind der Ort grösstmöglicher Ausdehnung. Dehnen Sie Geist und Seele aus. Dazu brauchen Sie etwas Zeit und Ruhe. Stellen Sie sich möglichst entspannt hin, lassen Sie geschehen. Wer weiss, welche Türe sich Ihnen einen Spalt breit öffnet?

Auch hier ein geschütztes Flachmoor

Im Gebiet Alpnova finden Sie ein weiteres geschütztes Flachmoor von nationaler Bedeutung, das teilweise auf Jeninser Gebiet liegt. Vielleicht reizt es Sie doch, hinunterzusteigen und sich die Bach- und Moorlandschaft aus der Nähe anzusehen?

QUELLE

Quellen sind faszinierende Naturerscheinungen. Der Ort, an dem Grundwasser auf natürliche Weise austritt, bildet in der vorchristlichen Vorstellungswelt einen Zugang zum Dasein. Die Quelle als Schoss der Erd- und Fruchtbarkeitsgöttin bringt neues Leben hervor.

Hat eine Frau im gebärfähigen Alter den Wunsch nach einem Kinde gehegt, hat sie in früheren Zeiten möglicherweise ein Bad genommen.

Die Quelle westlich des Ruchenbergs, etwas unterhalb des Brunnens auf der Talseite des Weges, ist ein wunderbarer Platz. In den Wiesen fallen Ihnen beim Weitergehen noch weitere kleine Quellen auf.

Intensiver Kraft- und Heilplatz
Sie befinden sich an einem ausserordentlich starken Kraftort mit hohen Energien. Die Energiequalität ist auf- und abbauend, was bedeutet, dass der Platz Heilqualitäten aufweist. Stehen Sie bequem, verbinden Sie sich mit dem Ort und öffnen Sie sich, dehnen Sie sich aus, nehmen Sie die Energien

Nicht alle Quellen ergeben ein Bächlein.

Flora und Fauna gedeihen hier prächtig.

An den Holzbrunnen erkennen Sie den Quellort der Heilquelle.

Malanser Älpli Quelle

in sich auf und lassen Sie hier, wo sich der Himmel im Wasser spiegelt, hier, wo er die Erde küsst, Geist und Seele fliegen.

Der Heilplatz entzieht und schenkt Energie und bringt den Organismus in seine Balance.

Der Heilplatz entzieht und schenkt Ihnen Energie, er bringt damit den Organismus in die Balance. Und Sie wissen: «Mens sana in corpore sano» ist durchaus umkehrbar.

Wichtiger Hinweis
Für die Anreise mit der Älplibahn ist eine telefonische Reservierung unerlässlich, Tel. 081 322 47 64. Weitere Infos unter www.aelplibahn.ch.

DORNRÖSCHEN

Vor langer Zeit lebten ein König und eine Königin, die sich sehnlichst ein Kind wünschten. Als die Königin im Bade sass, kam ein Frosch aus dem Wasser an Land gekrochen und versicherte ihr, sie bekomme, noch bevor das Jahr zu Ende sei, ein Kind, eine Königstochter. Und so geschah es.[7]

Leben aus dem Wasser

Der Zusammenhang zwischen Wasser und Fruchtbarkeit ist früh bekannt. Hier, im heiligen Schosse der Erdmutter, warten die Seelen der Verstorbenen auf ihre Wiedergeburt, wie sie dies auch in grossen Steinen und hohlen Bergen tun. Die Königin sass weder zufällig im Wasser noch nahm sie ein Schönheitsbad. Vielmehr suchte sie eine Quelle auf, damit sie die wartende Seele in ihren Körper aufnehmen konnte.

Sehenswürdigkeiten

| 1. | Weesen und Umgebung | 12 |

1. Springbrunnen und Wasserstandssäule im Hafen
Im Hafenbecken von Weesen dominiert das nasse Element. Neben dem Springbrunnen findet sich dort auch die Wasserstandssäule, die auf imposante Art und Weise den Walenseepegel vor und nach der Linthkorrektion anzeigt.

2. Museum & Galerie Weesen
Mitten im Städtchen Weesen, nur drei Gehminuten vom Hafen entfernt, befinden sich interessant ausgestattete Ausstellungsräume. Im Museum Weesen sind unter anderem mittelalterliche Gegenstände zu bewundern, welche bei Grabungen im Städtchen gefunden wurden. Die Sammlung beherbergt auch Ölmalereien mit Sujets rund um den Walensee.
Autisstrasse 13, 8872 Weesen, Tel. 055 616 14 15, www.museum-galerie-weesen.ch

| 2. | Flumserberg und Umgebung | 22 |

3. Kneippanlage Grappawald mit Barfusspfad
Mitten im Wandergebiet befindet sich die idyllisch gelegene Kneippanlage Grappawald. Sie besteht aus einer Wassertretanlage und einem Armbad. Ergänzt wird sie durch einen Barfusspfad, der zwischen Kneippanlage und der Rastplatzhütte «Heidi & Peter» auf 650 Metern Länge aussergewöhnliche Sinneseindrücke ermöglicht.

4. Schaukäserei Alp Tannenboden
Die Käserei ist vom heimeligen Restaurant durch eine grosse Glasscheibe direkt einsehbar. Feine Frischprodukte wie Alpkäse, Joghurt, Butter, Milch und Camembert sind direkt erhältlich. Während der Alpbestossungszeit kann dem Käsen täglich direkt beigewohnt werden. Einmal wöchentlich wird wie vor 100 Jahren über dem offenen Feuer gekäst. www.sennenstube.ch

5. **Schaukäserei Molseralp**
Im Sommer wird die Alp bewirtschaftet und bietet einen Einblick in das Älplerleben. Die Milch wird auf der Alp zu Käse, Butter und Joghurt verarbeitet. In der Schaukäserei mit Direktverkauf wird gezeigt, wie das vor sich geht.
www.molseralp.com

3. **Walenstadtberg und Umgebung** 30

6. **Alp- und Kulturweg Schrina**
Auf diesem Themenweg entdecken Sie viele spannende Details zu Alpwirtschaft, Kultur, Fauna und Flora sowie zur Geologie auf Schrina-Hochrugg am Fuss der Churfirsten-Südseite. Der kürzere Weg ist sogar kinderwagentauglich. Eine Gratisbroschüre mit wertvollen Informationen liegt am Ausgangspunkt auf.

4. **Berschis und Umgebung** 36

7. **Berschnerfall**
Vom Dorf Berschis aus erreicht man den 46 Meter hohen Wasserfall auf einem gut ausgebauten Weg. Besonders imposant ist dieses Naturschauspiel zur Zeit der Schneeschmelze und nach Niederschlägen.

5. **Flums und Umgebung** 44

8. **Maskenkeller Flums (Restaurant Pöstli)**
Das Schnitzen von Holzmasken ist in Flums eine alte Tradition, welche noch heute lebendig ist. Besonders berühmt für dieses Handwerk ist Hugo Reichlin. In seinem Maskenkeller kann man allerhand Wissenswertes über die Kunst und Tradition der Larven erfahren. Täglich auf Voranmeldung geöffnet (ausser mittwochs), Restaurant Café Post, Gräpplangstrasse 1, Tel. 081 733 15 09

9. **St.-Jakobs-Kapelle**
    Südwestlich von Gräpplang steht die St.-Jakobs-Kapelle. Sie zählt zu den ältesten Gebäuden der Gegend. Berühmt ist das Rundbogenfenster mit der Madonna von Flums, dem ältesten Glasgemälde der Schweiz (12. Jh.). In der Kapelle befindet sich eine Kopie, das Original wird seit 1889 im Landesmuseum in Zürich aufbewahrt.

6. Mels und Umgebung 52

10. **Melser Geoweg**
    Unterwegs zu Stätten der Steingewinnung, Glas- und Eisenverhüttung und der Urgeschichte: Der Melser Geoweg führt sowohl durch den Melser Dorfkern als auch durch erholsame Waldpartien. Am Melser Geoweg wird die Erdgeschichte der Region mit Hilfe von über 30 typischen Gesteinsblöcken vorgestellt.

11. **Lourdes-Grotte Mels**
    Der Spazierweg von Mels entlang der Seez Richtung Plons führt direkt an der Grotte vorbei. Über der Grotte findet man einen Kreuzweg. Die erste Station ist noch innerhalb des unmittelbaren Grottenareals. Nachher führt der Weg auf eine Wiese oberhalb der Grotte.

12. **Grotte Tils**
    Die Grotte liegt an einem idyllisch gelegenen Ort zwischen Plons und Tils. Ein Wegweiser an der Bergstrasse nach Tils hinauf markiert den Weg. Die Tobelgrotte bietet neben dem Innehalten vor allem an heissen Sommertagen eine willkommene Abkühlung und Erfrischung.

13. **Weinbau-Weg Sargans–Mels**
    Auf dem Weinbau-Weg erfährt man von März bis Oktober in lustvoller Weise einiges über den Wein. Der Weg ist 2,5 Kilometer lang, er führt mitten durch die Reben. Der Start ist wahlweise bei der Spleekapelle in Sargans oder bei den Rebbergen von Mels-Heiligkreuz.

7. Weisstannental und Umgebung 60

14. Alte Dorfsäge Weisstannen
Unter der Schirmherrschaft der Stiftung «Erlebnis Weisstannental» sind die alte Sägerei und die kleine Sennerei mit viel Liebe zum Detail restauriert worden. Sie können heute von Gruppen gegen Voranmeldung besichtigt werden.
www.weisstannental.ch

8. Wangs und Umgebung 68

15. Waldlehrpfad Wangs
Auf dem spannenden Waldlehrpfad von Wangs lassen sich verschiedene Bäume und Pflanzen entdecken. Er beginnt am Dorfrand in der Rüti und führt an den Orten des Staunens vorbei.

16. Saarfall
Eine besondere Naturschönheit ist neben dem Grossbach-Wasserfall in Wangs der Saarfall in Vilters, der vor allem bei hoher Wasserführung den Betrachter beeindruckt. Er ist von Vilters aus in 20 Minuten zu erreichen und eignet sich ideal für ein Bad im Sommer.

10. Pizol Pardiel und Umgebung 84

17. Hängematten-Wald
In den Hängematten zwischen Pardiel und Schwarzbüel kann man seine Seele baumeln lassen und die Ruhe mitten im Wald geniessen. Einfach seine bevorzugte Hängematte aussuchen, die Augen schliessen und Natur pur geniessen.
www.pizol.com

11. Wartau und Umgebung 92

18. **Artilleriefort Magletsch**
Die Anlage wurde während des Zweiten Weltkrieges erbaut und bis in die 90er-Jahre betrieben. Auf einer Führung erhält man einen Einblick in die Bedrohungslage während des Zweiten Weltkrieges, über die Bunkeranlagen und die verschiedenen Waffensysteme. An bestimmten Daten finden auch Führungen ohne spezielle Voranmeldung statt. www.afom.ch

19. **Wartauer Sagen- und Geschichtsweg**
Der Wartauer Sagen- und Geschichtsweg ist ein spielerischer Lernweg mit grossem Abenteuerpotenzial für Familien, Schulklassen, Wanderer und Biker. Sämtliche historisch bedeutenden Punkte und Wege der politischen Gemeinde wurden miteinander verbunden. Der Themenweg führt an 20 Sagen- und Thementafeln vorbei. www.wartau.ch

12. Taminaschlucht und Umgebung 100

20. **Kirche St. Leonhard**
Die St.-Leonhard-Kapelle in Bad Ragaz ist eine Wallfahrtskapelle. Der Patron der Bauern und des Viehs wurde hier verehrt. Eine Besonderheit der St.-Leonhard-Kapelle ist, dass sie über drei Altäre verfügt.

21. **Burgruine Freudenberg**
Die ansehnlichen Reste der ehemaligen Burg erheben sich auf einem ungefähr einen Kilometer nordwestlich von Bad Ragaz der Berglehne vorgelagerten felsigen Hügel von 84 Metern Höhe. Die Ruine, um die sich viele Legenden ranken, gilt als Wahrzeichen der Gegend von Bad Ragaz. Sie beherbergt heute eine schöne Feuerstelle.

22. **Pinakothek Altes Rathaus**
In der Pinakothek findet sich eine umfangreiche Sammlung der Kulturstiftung Altes Rathaus an Grafiken, Stichen, Gemälden, Büchern und Schriften über Bad Ragaz und Umgebung. Die Sammlung beinhaltet eine aussergewöhnlich grosse Zahl an wertvollen Kunstwerken aus dem 15. bis 20. Jahrhundert.

23. **Tamina Therme**
Die Tamina Therme ist einzigartig: Die Wellness-Oase auf 7300 m² mit einem stimmungsvollen Lichtkonzept, mit diversen Sprudelbecken, Grotten, Dampfbädern, Saunen, Ruhezonen, Solarium sowie einem umfassenden Massage- und Beautyangebot verspricht ein unvergessliches Erlebnis für Körper, Geist und Seele. www.taminatherme.ch

Quellenangaben

1 **Bad Ragaz – Porträt eines Kurortes,**
Günther E. Natsch, Rolf Hohmeister, Richard Ammann, 1989

Brauchtum im Sarganserland, Leo Pfiffner, 1977

2 **Das Geheimnis der Kirche von Gretschins,** Jakob Vetsch-Thalmann, 1991

Das Wasser des Lebens, Uno Holmberg, 1997

Der Kult der Grossen Göttin, Edwin O. James, 2003

3 **Die Alpen,** Daniel Anker, 2010

4 **Die erneuerte Wangser Antoniuskirche,**
Josef Ammann und Johann Schumacher, ca. 1999

Die Göttin und ihr Heros, Heide Göttner-Abendroth, 1997

Die Kraft der Steine und Megalithen, Leszek Matela, 2006

5 **Die Kunstdenkmäler des Kantons St. Gallen,** Erwin Rothenhäusler, 1951

6 **Die Walsersiedlung im Calfeisental,** Johann Huber, 2000

Geheimnis Adernsterne, Gerhard Pirchl, 2007

Genius Loci, Lara Mallien, Johannes Heimrath, 2009

7 **Kinder- und Hausmärchen,** Brüder Grimm, 1999

Keltische Religion, Jan de Vries, 2006

8 **Kleine Kunstführer, Nr. 680,** Edi Koller, 2007

9 **Lexikon der Heiligen und biblischen Gestalten,** Hiltgart L. Keller, 1984

Liechtensteiner Volksblatt, Sofa, Andrea Fischbacher, 2006

10 **Magische Ostschweiz,** Elmar Good, 2006

Mythologische Landschaft Schweiz, Kurt Derungs, 2010

11 **Nachrichten des Schweizerischen Burgenvereins,
Band 58,** Peter Frey, 1985

Orte der Kraft, Blanche Merz, 1999

Orte der Kraft in der Schweiz, Blanche Merz, 1999

12 **Peter Paul Rubens,** Hans Gerhard Evers, 1942

13 **Quellen Kulte Zauberberge,**
Kurt Derungs und Christina Schlatter, 2005

14 **Sagen aus dem Liechtenstein,** Otto Seger, 1966

15 **Sagen des Kantons St. Gallen,** Jacob Kuoni, 1903

16 **Schriften der Schweizerischen
Gesellschaft für Volkskunde,** Werner Manz, 1916

17 **Schweizer Archiv für Volkskunde, Band 36,**
Hans Trümpy, 1955

18 **Schweizerische Kunstführer GSK,** Bernhard Anderes, 1993

**Terra plana, Zeitschrift für Kultur,
Geschichte und Wirtschaft,** Andrea Fischbacher, 3/2008

19 **Universitätsforschungen zur prähistorischen Archäologie,
Band 108,** Margarita Primas, 2004

20 **Wangs und sein Kräuterpfarrer,** Beat Frei, 2007

Wartauer Sagen, Heinrich Gabathuler, 1983

21 **60. Jahrbuch des Historischen Vereins des Kantons Glarus,**
Rudolf Laur-Balart, 1963

Informationen aus dem Internet

22 **www.hvg.ch,** Historischer Verein des Kantons Glarus

23 **www.kbnl.ch,** Konferenz der Beauftragten für Natur-
und Landschaftsschutz

www.sankt-martin.ch

24 **www.stratigraphie.ch,**
Lithostratigrafisches Lexikon der Schweiz

Besten Dank für die Unterstützung

25 Der Kantonsarchäologie St. Gallen für die Unterlagen,
die sie uns zur Verfügung gestellt hat.